クローゼットには似合うもの、いいもの、大好きな服だけ

小畑滋子

大和書房

はじめに

まずは、この本を手にとってくださってありがとうございます！

先日、人生最初で最後の本を書いたと思ったら、あれよあれよと二冊目の本を出すことになってしまいました。まわりも驚いていますが、いちばん驚いているのが、この私。人生、本当に何があるかわからないものです。

一冊目の本『85歳、「好きなこと」を続けるごきげん暮らし』では、79歳にして「call（コール）」で働き始めたきっかけや日々の暮らしについて書きました。その中で、思いのほか反響が大きかったのが、「おしゃれ」への思いやこだわりを語った部分でした。

「おしゃれをしたいとは思っているけれど、歳を重ねてからどのように装ったらいいのかしら」「自分の体型を、すてきに見せるおしゃれは？」「自分と同じ、またはそれ以上の年齢の方の、リアルなおしゃ

れ事情はどうなっているの？」

そんな疑問をもつ読者の方が多いのだと思いました。

そこで、この本で、私のおしゃれについてお話しすることにしました。

私は、おしゃれの専門家ではありません。洋裁学校を出て、洋裁の先生を経て今、「call」で洋服を販売する仕事をさせていただいていますが、おしゃれについてどこかで学んだ、その道のプロではありません。

子どものころから着ることに興味があって、洋服を愛していて、おしゃれが大好きというだけでここまでやってきました。

でも、そんな私だからこそ、お伝えできることもあるのではないかと思うのです。

本書では、私が日々どんな服を選んでいるのかや、着こなしのポイントなどについて、季節やシーンごとにご紹介しています。アクセサリーやバッグ、シューズなどの合わせ方もお伝えしています。

最後のパートでは、大好きな服をていねいに扱うための方法も書いておきました。

おしゃれに年齢は関係ありません。

いくつになっても、すてきに装うことはできると思っています。

私のおしゃれ談義、どうぞお読みください。

小畑滋子

クローゼットには
似合うもの、いいもの、大好きな服だけ

Contents

Contents

第2章

今、好きな服

第3章

今日はどちらへ

第4章

大人の悩みにこたえる服選び

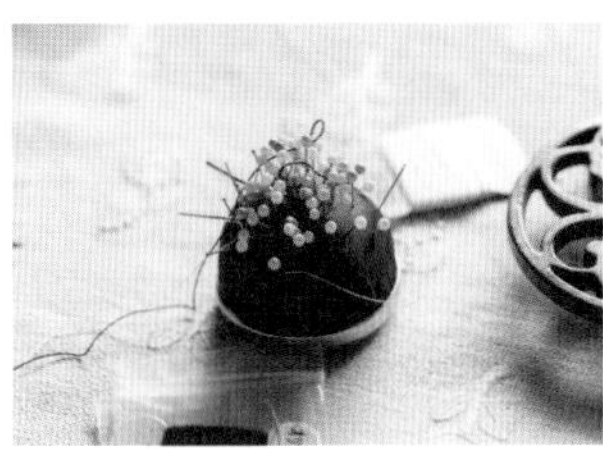

Contents

◎本文表記の「ミナ ペルホネン」について
章初出は「ミナ ペルホネン」としていますが、以降は「ミナ」と表記しています。
◎欄外にメーカー名を表記した商品以外は、著者の私物が中心です。
過去に購入したものを紹介しているため、現在は入手できないものもございます。

何卒ご理解いただき、メーカーへのお問い合わせはご遠慮くださいますよう、お願いいたします。

第１章

大人になったら似合う服

〝シンプルイズベスト〟に行き着きました

ファッションのテイストは、昔からスポーティエレガンスが好みです。子どものころはお転婆(てんば)で、高校時代はテニス少女。いつも真っ黒けに日焼けしていて、母には「前だか後ろだかわからない」と言われていました。

そんな私なので、フェミニンさを前面に出したスタイル——ふんわり、ひらひら、華やか、ゴージャス……そんな言葉とは、真逆のスタイルが好きなのです。

私はどちらかというと小柄で細身ですが、スポーツをしていたからか、骨格はしっかりしているのです。それで、あまり飾り立てないほうが似合うようです。要するに、〝シンプルイズベスト〟ということですね。

定番をマイナーチェンジしながら着続ける

〝シンプルイズベスト〟を追求するのに大切なのは、「定番」を大切にする

シャツにホワイトのカットソーを合わせ、ボタンを全開に。ストレートデニムをはいて、究極のシンプルスタイルが完成。大きめのペンダントでアクセントをつける。

ことだと思っています。

私の定番の一つは、ホワイトシャツにパンツを合わせたスタイルです。ブラウスではない、カットソーでもない、コットンやリネンのパリッとした素材のシャツを愛用しています。体の線を出し過ぎず、中で体が泳ぐ感じがいいのです。デニムやパンツなどに合わせて、マニッシュに着こなします。

ホワイトシャツは、以前はホワイトの中でも「真っ白」が好きでした。でも、最近はあまり強過ぎるホワイトは、逆に顔色が沈んで見えるので避けています。ホワイトの中でもアイボリーに近いホワイトや生成り(きなり)が、今の私には合っているかな。

定番といっても、同じものをずっと着続けるというよりは、その時々の自分の気分に合わせて、カラーなどでマイナーチェンジをしながら、気持ちよく着るようにしています。

ときにはひとひねり

定番のもう一つは、クルーネックのニットにパンツを合わせたカジュアル

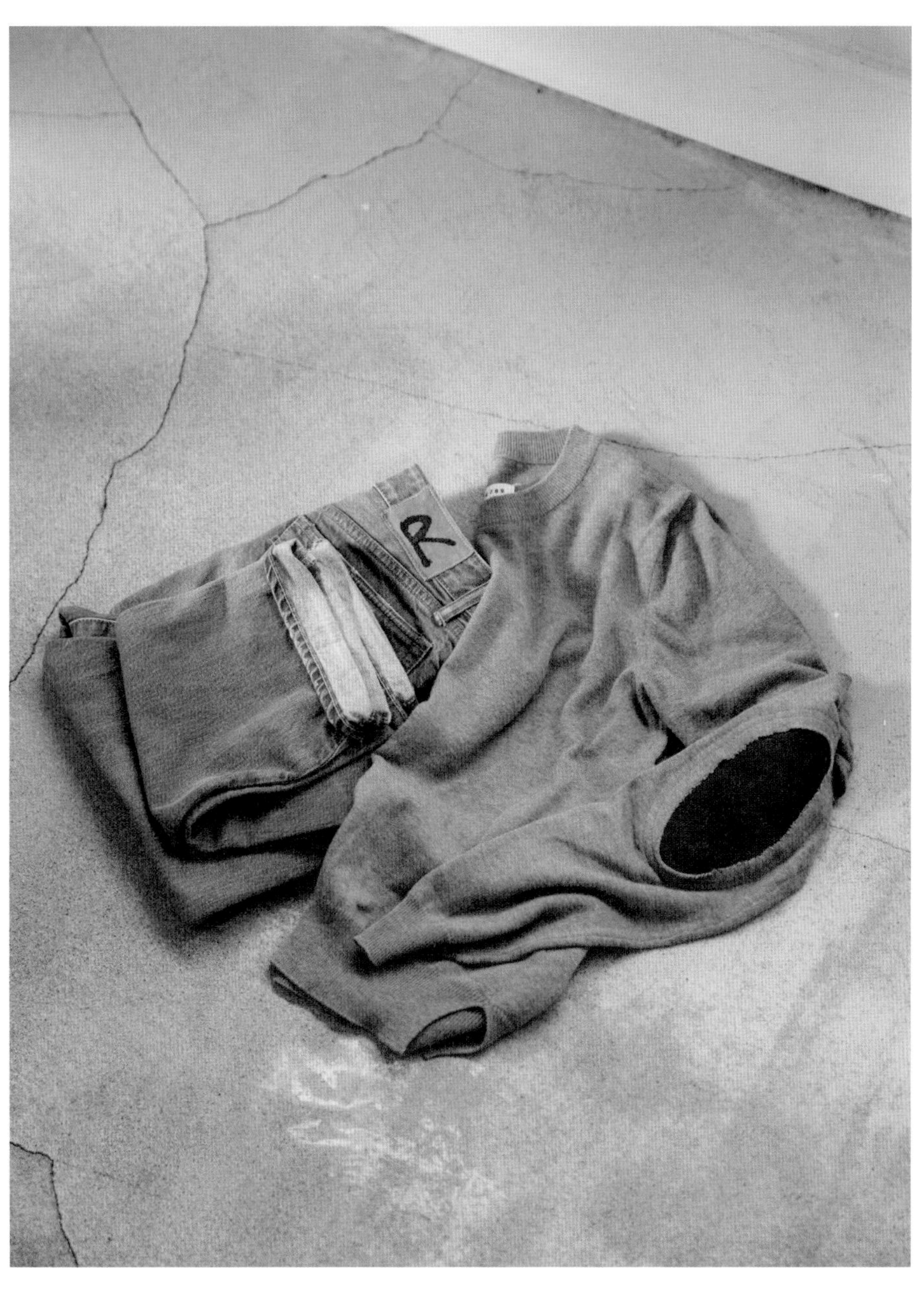

シンプルなニットは素材のよさが勝負！
「メゾン マルジェラ」のニットはカシミア素材で、グレーの発色に品がある。デニムは「45R（フォーティーファイブ・アール）」。

なスタイルです。お気に入りは、グレーのニットとデニムの組み合わせ。ただ、ともすれば地味になりがちなので、デザインにアクセントがあるものなど（たとえば、「マルジェラ」のニットには、レザーの肘当てがついているのですが）ひとひねり加えるといいかもしれません。

デニムが好き

〝シンプルイズベスト〟に欠かせないデニムは、形やカラーを変えて何本か揃えています。服の中でもデニムは、Tシャツやニットなどラフな服に合わせても、ジャケットなどきちんとした服に合わせても決まる、優秀なアイテムだと思っています。

私が好きなデニムは、ストレートか、太ももにゆとりのあるもの。レギンスタイプやバギーパンツは、体型に合わないような気がして、はきません。カラーは、ブルーからライトブルー、グレー、ホワイトまで。

ブランドにはこだわりません。気になったら試着して、自分に似合うもの、着心地がよいものを見つけています。

デニムはさまざまな形、カラーを揃える。ブルーは濃淡違いがあると、服と合わせやすい。シーズンを通じて素材違いのニットとデニムを組み合わせる。

チャームポイントは、しっかり見せます

おしゃれの目的は、自分をよりすてきに魅せること。それは、自分を知ることから始まると思っています。

人は、一人ひとり違います。背の高さや骨格。肉づき。髪や肌の色。醸し出す雰囲気。

自分のチャームポイントを見つけて活かすおしゃれを考えることで、服も生きてくるのだと思います。

私の場合、お友だちに言われて気づいたのですが、チャームポイントは鎖骨です。比較的、小柄で細身ですが、そのわりには骨太で、鎖骨が浮き出ているのです。それからは、このパーツをきれいに見せるおしゃれを心がけてきました。

たとえば、シャツの胸もとはボタンを留めずに全部開ける、カットソーやニットの襟ぐりは、開き過ぎず詰まり過ぎていない絶妙なラインのものを選ぶ、胸もとに目がいくアクセサリーをつける、など。

1
—
2

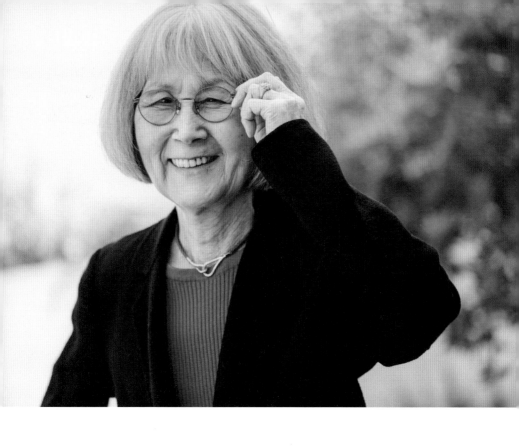

1：鮮やかなブルーと襟ぐりのラインが気に入って、長く着ている「エルメス」のカットソー。革ひものチョーカータイプのネックレスを合わせてポイントに。2：ホワイトのUネックのカットソーも、襟の付いたシャツやジャケットに合わせるのに重宝している。

ブレスレットは、これくらいインパクトがあっていい。

ブレスレット／「ペリーニ×ミナ ペルホネン」

首もとは年齢が出やすいので、あまりむき出しになり過ぎないように、大きめのアクセサリーなどをつけるようにしています。

メガネもチャームポイントになります。私は丸顔なので、メガネフレームを丸型にしているのですが、あまり主張し過ぎない、さりげないデザインのものを選んで、馴染ませています。

大ぶりのアクセサリーでボリュームをつくる

華奢（きゃしゃ）なアクセサリーは、肌のしみ、しわをかえって目立たせてしまうように思います。そこで最近は、リングやブレスレットなども、大きくてごついものを選ぶようになりました。

「ちょっと派手かな？」と思うくらいが、ちょうどいいようです。手もとなどは、意外に人の目につく部分なので、細かいところにも気を配るようにしています。

やっぱり着てみないと、わからない

服は着てみなければ、自分に似合っているのかわかりません。着たときの全体の雰囲気も、見ただけのときとはだいぶ変わることがあります。

また、どんなにすてきな服でも、サイズが合っていなければきれいに見えません。自分で洋服を縫っていたので、体にぴったり合った服を着ることの心地よさは知っています。

既製品であっても、できるだけ体に合ったものを選びたい。それには必ず試着が必要だと思うのです。

大切なのは、服を着てみたら試着室から一歩出て、遠目で全身のバランスを確認すること。

店員さんに客観的なアドバイスをもらうのもいいかもしれませんね。信頼できる店員さんを見つけると、そのお店に通うのが楽しくなります。

着てみると、意外な服が似合ったり、逆にこれまで似合っていたのが何だかしっくりこなくなったりします。いつも新しい発見があるのです。

ワンピースで新しい発見

たとえば、私はこれまでずっと、柄もののワンピースは自分には似合わない、と思い込んでいました。

でも先日、仕事中に「call」で見かけたワンピースが、どうしても気になり、退勤後に試着してみました。

着替えて、恐る恐る鏡を見てみると……。柄ものは苦手だったはずが、着てみると悪くないのです。髪色と柄の中の一色が同じグレーでリンクして、全体としてまとまりが生まれているのかもしれません。柄やパイピングに入っているイエローが、顔映りをよくしてくれています。

これは着てみなければ気づかなかったことでした。

フェミニンになり過ぎないよう、ソックスと「ブルネロ クチネリ」のブラックのローファーを合わせ、大きめのバッグを斜めがけしてカジュアルダウン。フェミニンになり過ぎず、若々しさも出ます。これで、私らしい着こなしになりました。

多色づかいをしているけれど、メインとなるカラーが髪色とリンクして、シンプルに着こなせる。

ワンピース、バッグ／「ミナ ペルホネン」 シューズ、ソックス／私物

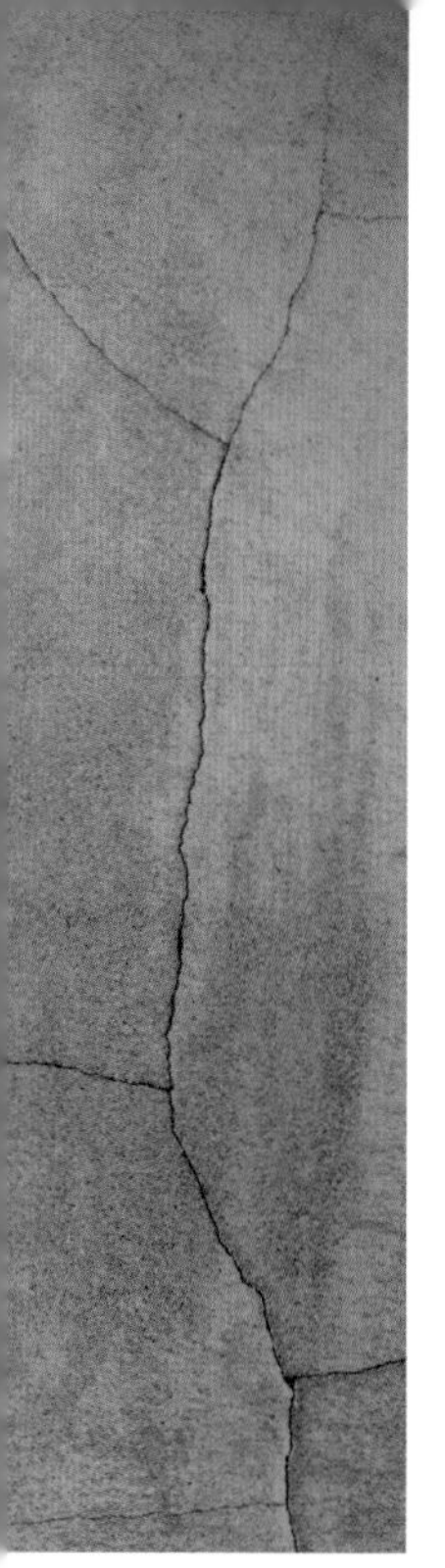

好きなカラーは、顔と離れたところにもってくる

定番カラーにしているのは、ネイビー、ホワイト、グレー、ブラックなど。でも、それだけだと寂しい印象になりやすいのが悩みどころです。シックといえば聞こえがいいですが、シックを通り越して地味なだけになってしまう可能性もあるので、バランスを見ながらカラーを取り入れるようにしています。

カラーものを顔まわりにもってくるときは、顔映りを確認しています。肌や髪の色によって、似合う・似合わないがあります。また、同じカラーでもトーンによって変わってくるので、「自分はこのカラーはダメだ」と決めつけないで。

たとえば、赤は赤でも、純粋な赤、朱色、ワインレッド、茜色とさまざまです。実際に着てみると、しっくりくるものがあると思います。

「好きなカラーだけれど、顔映りが悪い」と感じるときは、パンツやスカートなど顔と離れたところにもってきたり、靴やバッグなどの小物に取り入れてみましょう。

ちなみに私の場合は、多色づかいはあまりしていません。定番のネイビー、ホワイトなどと赤やブルー、オレンジ、パープルなどを組み合わせることが多いです。

カラーをワンポイントに入れている。
「赤のポロシャツは50代でゴルフを楽しんでいたころに買ったもの。ずいぶん長く着ています」

パープルのセーターは、「ブルネロクチネリ」で最近買ったお気に入り。

パステルカラーを大人っぽく

以前は、はっきりしたカラーがメインでしたが、最近は、パステルカラーにも挑戦しています。

パステルカラーは、髪の色が黒かったころはあまりピンときませんでしたが、70代以降、白髪をグレーに染めるようになってから、レパートリーに加えました。「call」で働き始め、「ミナ ペルホネン」の服に出合ったことも、パステルカラーを着るようになったきっかけの一つです。

「ミナ ペルホネン」というブランドの根幹は、自然界にあるモチーフを活かしたオリジナルのテキスタイルにあります。ナチュラルでやさしい色みが特徴です。

それまでの私は、パステルカラーに「子どもっぽい」というイメージをもっていました。でも、「ミナ」のテキスタイルは、パステルカラーでも決して子どもっぽくはなく、大人のかわいらしさがあります。これはいいな、と思ったのです。

お店のインスタグラムに載せるために、「ミナ」の服を着て写真を撮る機会があるのですが、パステルカラーの服が意外に似合うことに気づきました。

そこから、いろいろチャレンジし、カラーものの洋服が増えていきました。

歳を重ねて、おしゃれの幅が広がるのは　楽しいですね。

アクセサリーは服の立役者でありたい

ジュエリー（宝石）にはさほど興味をもっていませんでした。どちらかというと、ファッションブランドのアクセサリーが好きです。ジュエリーは高額というのもありますが、ファッションブランドのアクセサリーは、何より服と合うように計算されているのがいいです。

アクセサリーは、ファッションのポイントとしてとり入れています。毎日、同じネックレスをするという人もいますが、私はその日の服に合わせて変えています。

インパクトあるアクセサリーが服を引き立てる

よく使うものは、リビングのガラステーブルに置いたケースに入れて出し入れしやすくしています。

こうして並べてみると、大ぶりで存在感のあるものが多いですね。どれも

1
―
2

1：その日の服に合わせて腕時計をセレクト。左から「ジョージ ジェンセン」「オブレイ」「オメガ」。2：「エルメス」の時計は軽くてつけやすいので、出番率が高い。

シンプルなシャツや薄手のニットなどには、インパクトのあるアクセサリーを選ぶ。

好きで使っていますが、最近は、シルバーのバングルをよく使っています。「ティファニー」の元チーフデザイナーが立ち上げた、「アンジェラ カミングス」のものです。シルバーだけれど弾力性があって、自由に太さを変えられます。ボリュームがあるし、ちょっとめずらしいデザイン。

スカラベ（フンコロガシ）の形をした「シャネル」のペンダントは、ゴールドでインパクトがあります。シャツの襟もとやブラックニットにつけると映えます。

それから、ゴールドのチェーンベルトも重宝します。ベルトとして腰に巻いたり、ロングネックレスとして首にかけたりしています。

アクセサリーではないですが、腕時計もおしゃれに大切な要素。いくつかから、その日の服に合わせて選んでいます。「ジョージ ジェンセン」の時計は、ブレスレット感覚でつけています。何十年も前に購入した「オブレイ」の時計は、グリーンの革ベルトでしたが、馴染みの修理店でベルトをつけ変えてもらい、長く愛用しています。

ストンとさせず、動きをつけた着こなしに

ジャケットやシャツは、長め丈を好んで着ています。腰まわりをカバーすると、安心できます。とくにお尻が大きいというわけではないのですが、なぜでしょう（笑）。でも、この気持ち、熟年以上の女性なら、共感していただけるのでないかと思います。

長め丈といえば、ずいぶん昔に買った「マックスマーラ」のジャケットも、お尻が隠れる長さです。今でもときどき着ているのは、丈感が好みだから。ずいぶん長く愛用しています。

丈が長めのものは、そのまま着ないでジャケットの前を開けたり、ベルトをしたりアクセントをつけて立体的に見えるようにしています。

カバーは素材でも

最近は、腕もなるべく出しません。長袖がベター。夏でも長袖のシャツを

ボーダーのジャケットは「マックスマーラ」。ネイビーのコートジャケットは「ダナキャラン ニューヨーク」、40年ほど着ている。ストライプのシャツは「ロエベ」。

着ることが多いです。暑い季節でも、薄手なら大丈夫。最近はどこでも冷房がきいていますから、逆にちょうどよいくらいです。

写真のネイビーのシャツは、シルク素材。シンプルで上品なのです。イタリアのメーカー、「アスペジ」のもの。「アスペジ」は、もとは男性ものから始まったブランドで、女性ものでも少しハードなイメージです。

太めのバングルでアクセントをつけたり、少し袖をまくって細い手首を見せたりなど、フェミニンな味つけを楽しみます。

シャツの袖は、海外ブランドのものなどは、私には少し長めなこともあってまくりあげるのですが、ふつうに二折りするとカフスの部分が中に隠れてしまって残念。

いったん大きく幅をとって折り、二折り目は半分だけ折り返すようにすると、カフスがほどよく見えて粋です。

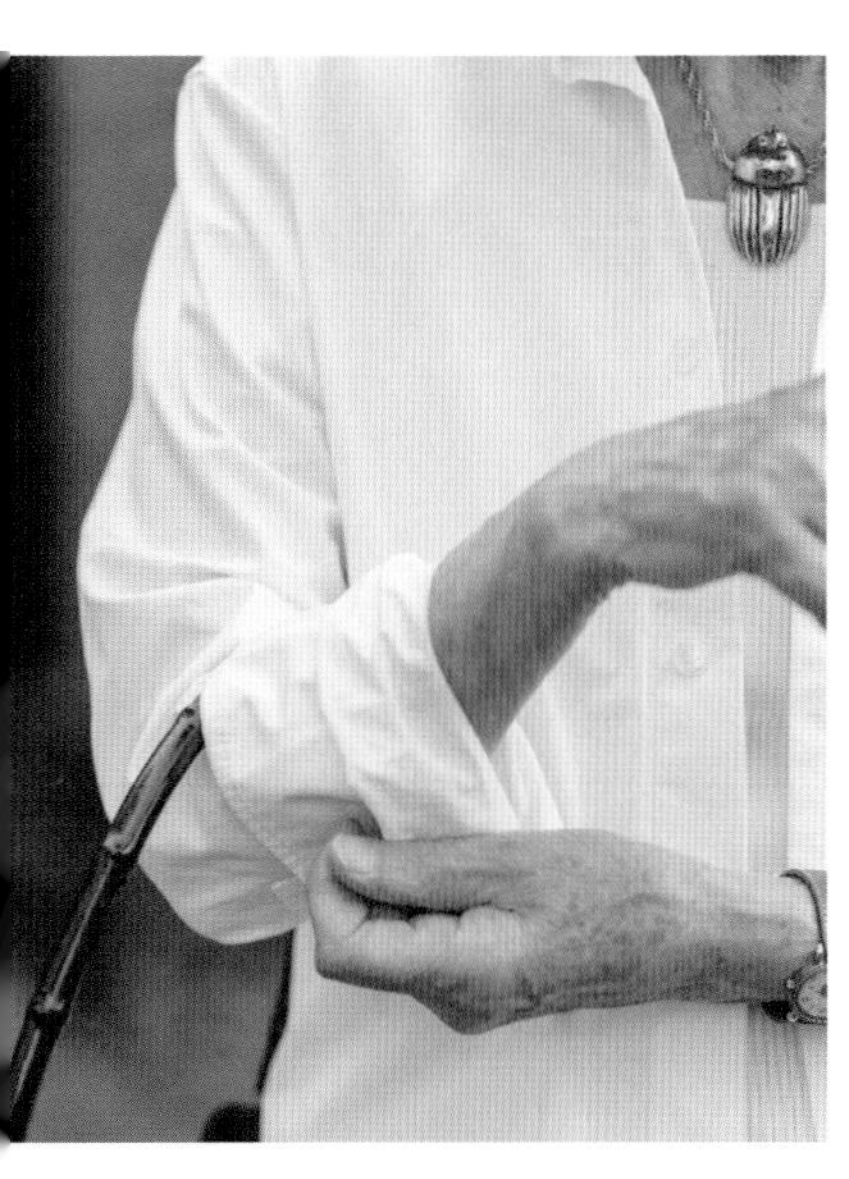

意外な組み合わせも試してみる

同じ服でも、シューズによって大きく雰囲気が変わります。パンツスタイルでも華奢なシューズを合わせれば、逆に女性らしさが引き立ちますし、存在感のあるものを合わせればボーイッシュに決まります。

あれこれ試して、その日の自分の気分に合ったシューズを選ぶのもいいですね。

最近は、ふんわりとしたワンピースに、あえてカジュアルなスニーカーやローファーなどを合わせるスタイルも流行っていますね。昔なら考えられなかったコーディネートですが、見慣れてくると、なかなかすてきです。私も実践しています。

時代とともにおしゃれの感覚は少しずつ変わってきますから、アンテナを張って、今の時代のセンスを取り入れるようにしていきたいですね。

古くさく見えないように、ショーウインドウや街を歩いている人を見て、今どきのおしゃれも学んでいます。おしゃれに大切なのは、好奇心なのです。

Column 1

定番＋
ちょっとおもしろい服

私が着ている服は、オーソドックスなものがほとんど。流行は意識するけれど、そのままとり入れることはあまりしていません。自分が好きなもの、体型に合うものがわかっているから、たとえばいくら流行ってもデニムでもピタピタのスリムやブーツカットのパンツははきません。私にとっての「定番」を意識して選んできたので、何十年も着られるのだと思います。

「定番」は、ファストファッションからも選んでいます。自分に合っていればいいのです。逆に言えば、どんなに上質なブランドものでも、自分に合っていなければ買いません。

それほど自分にとっての「定番」にこだわる私ですが、「定番」を組み合わせるだけだと、やっぱりおもしろくない。間違いはないけれど、あまりおしゃれには見えません。そこでプラスしているのが、ちょっとおもしろいデザインの服。

たとえば、布づかいが変わっていたりボタンがユニークだったり、かわいい模様が描かれていたり、など。最近気に入っているのは、「マルニ」や「ブルネロ クチネリ」です。

デザインに遊び心があると、昔から着ているシャツとパンツに合わせても今風に決まります。また、新しいデザインの服をとり入れることで、定番コーディネートがリフレッシュされ、よりおしゃれに魅せることができると思うのです。

第2章

今、好きな服

Spring

BASIC

明るめの同系色で春らしく

厚手のコートがいらなくなる春は、おしゃれが楽しくなる季節です。明るいカラーの服が着たくなり、最近、手に入れたばかりのジャケットをおろしました。

このジャケットは一見、オーソドックスですが、背中がニット地で、かなり個性的で遊び心のあるデザインなのです。お店で見て、「あ、いいな！」とひと目惚れしてしまいました。

今日はこれに、オレンジのシャツを合わせます。透ける素材で、春らしさを演出。胸もとのボタンをちょっと開け、中に着た白いキャミソールをのぞかせるとより軽やかです。鎖骨を見せて抜け感をつくると、全体のバランスがよくなります。

ボトムスは太めのデニムで、ドレスダウン。小さめだけれど、カラフルなバッグを斜めがけしたら、カジュアルながら品のあるコーディネートになりました。

ニットジャケットは、軽くて着心地がよい。「45R（フォーティーファイブ・アール）」のデニムは仕立てがよいのでお気に入り。ブラックのローファーを合わせて。

Spring

TRY

やさしくゆるやかなスタイルにチャレンジ

昔からシャープなパンツスタイルが好きで、ふんわりしたスカートやワンピースをほとんど着ることなくこの年齢まできてしまいました。でも、最近、なぜかやわらかなイメージの服が気になるのです。

春らしい装いがしたいなと思い、チャレンジしたのがこちら。白地にネイビーの刺繍(ししゅう)が施されたジャケットと、リネンのロングスカート。私には新鮮な組み合わせです。

ジャケットは丈が短めなので、パンツにも合わせやすい。手持ちのホワイトパンツや、デニムでもいけそうです。足首まで隠してくれるロングスカートは、パンツ派にも抵抗なくはけますね。

あら？　意外と似合う？　髪の色や肌の質感が変化してきたからでしょうか。やさしい色み、ゆるやかなデザインがしっくりきます。

ファッションは奥深く、いつも新しい発見があります。これだからおしゃれはおもしろく、いくつになってもやめられません。

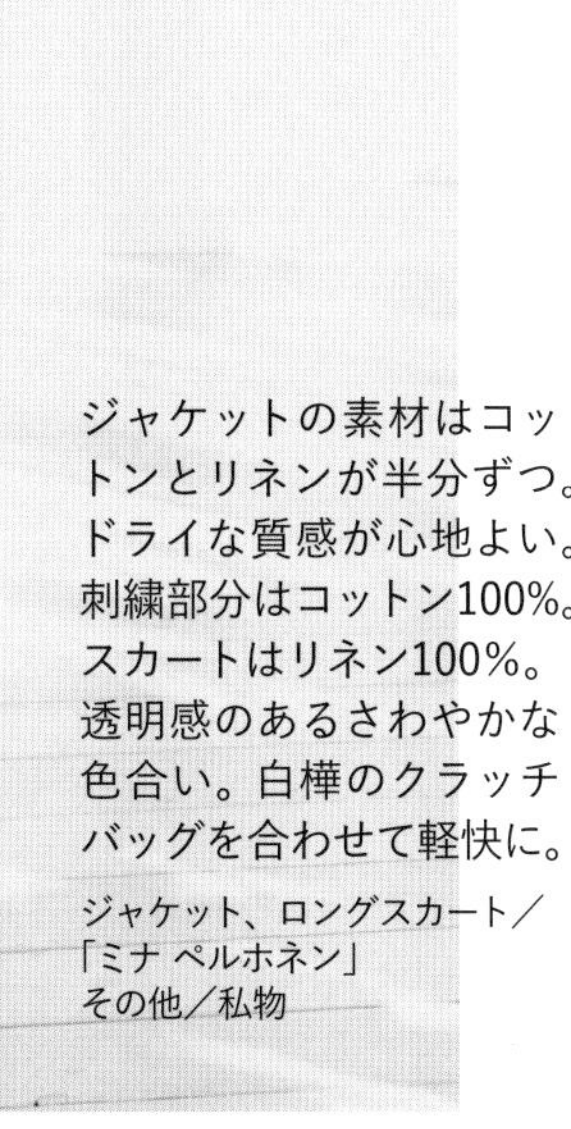

ジャケットの素材はコットンとリネンが半分ずつ。ドライな質感が心地よい。刺繍部分はコットン100%。スカートはリネン100%。透明感のあるさわやかな色合い。白樺のクラッチバッグを合わせて軽快に。

ジャケット、ロングスカート／「ミナ ペルホネン」
その他／私物

Summer

BASIC

リネン素材で暑さ&冷房対策

夏の暑さ対策と冷房対策。同時に備えるには、リネン素材のジャケットが便利です。

ベージュのジャケットは、20年以上も前に「エトロ」で購入したもの。当時は大きな肩パッドが付いていましたが、流行が変わってきたので、とりました。ただパッドをとるだけだと肩のラインが崩れてしまうので、袖つけを少し内側に寄せて整えました。こんなとき、洋裁の腕があるのはありがたいですね。

ジャケットに合わせたのは、きれいなブルーのカットソーです。白いTシャツでもオーソドックスに、すっきり着こなせるのでよいのですが、今日はちょっと外してみました。

ボトムスは、ダメージ加工のデニム。ややテーパードがかかっているデザインで、カジュアルアップします。

さわやかで夏らしい組み合わせです。

FAVORITE CLOTHES ／ SUMMER

オーソドックスなデザインのジャケットなので、肩パッドを外せば今でも十分に着られる。デニムは何にでも合わせやすい。

Summer

TRY

五分袖ブラウスで涼やかに

最近の夏は、昔に比べて暑いですね。昭和一ケタではないけれど、それに近い生まれの私に、近ごろの猛暑はこたえます。できるだけ涼しく過ごせる服がほしいと思いました。

そこで選んだのが、リネン素材の五分袖ブラウスです。ふわっと空気をはらんで、肌にまとわりつきません。

合わせたパンツは、薄いグレー。サマーウールのシャリッとした手触りがとても涼しげです。シンプルで着回しがききますから、一枚もっておきたいと思います。

これだけだと色みがぼんやりするので、大きめのバングルで引き締めます。印象的なアクセサリーをつければそちらに目がいくので、ひじなどの気になる部分から視線をそらす効果もあります。

白樺のクラッチバッグは、フィンランド製。軽い質感と素材が夏にぴったり。

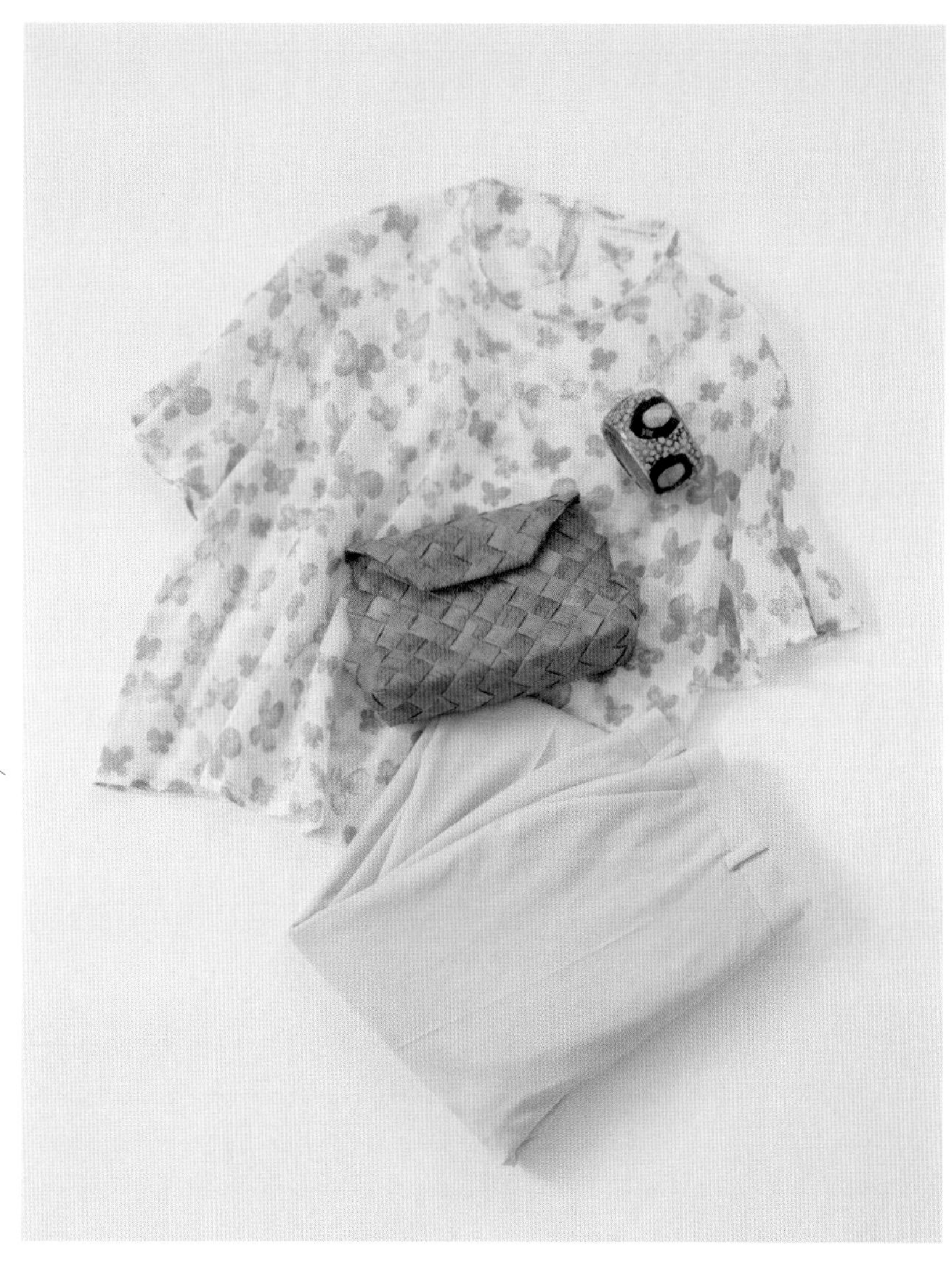

蝶のモチーフがやわらかくやさしく映る。リネンガーゼのブラウスは真夏に心地よい。パンツはシンプルなストレート。バングルは、テキスタイル柄を樹脂加工した一点もの。

ブラウス、パンツ／「ミナ ペルホネン」
バングル／「ペリーニ×ミナ ペルホネン」

Autumn

BASIC

ブラックジャケットはデザイン&デニムでカジュアルアップ

季節がいいと、美術館やコンサートなど出かけるチャンスも増えてきますから、おしゃれにもいっそう力が入ります。

最近、「コム・デ・ギャルソン」のジャケットを買いました。裁ち切りのデザインがユニークで個性的。ブラックジャケットは、ともすればあらたまり過ぎてしまうけれど、これなら遊び着としても楽しめます。

デニムを合わせれば、さらにカジュアルな雰囲気に。デニムのブルーは、濃過ぎず薄過ぎない色みを選んで、重くならないようにしました。

あまりラフ過ぎても私らしくないので、中にはホワイトシャツを合わせて引き締めました。

パープルのシューズで色を添えます。このシューズは意外にさまざまなシーンに合わせやすく、また歩きやすいので、よくはいています。

ふだん、ファンデーションをつけるくらいでほぼノーメイクの私ですが、ちょっとリップをひきました。華やぎます。

変則的なパターンと異素材をアクセントにした、スタイルに余裕があるジャケット。デザイン性のあるジャケットは、それだけでおしゃれに見える。合わせるデニムは、きれいめのストレートライン。

Autumn

TRY

温かいカラーで秋の始まりを感じて

街のショーウインドウにニットが並び始めたら、暑くてけだるい夏もそろそろ終わり。おしゃれの季節が始まります。

ブラック、ネイビー、ホワイトといったモノトーンを好んで着ていましたが、最近はブラウン系にも心惹かれるようになりました。

お店で見かけて「着てみたい！」と思ったのが、この温かそうなニットです。編み地がモコモコしていて、ショート丈がかわいらしい雰囲気です。ミルクティーのような色みも秋らしくてすてきです。

ニットは体のラインを拾いがちですが、余裕があるニットなら、体型を気にせず着られます。細身の方はやわらかな雰囲気が出せるし、ふくよかな方は体型カバーの効果がありそうです。

今日はホワイトパンツを合わせてみましたが、ブラックパンツでもデニムでもいいですね。ストールをふわりと巻けば、コートなしでも大丈夫です。さっそくお出かけしたくなりました。

合わせたペンダントは、テキスタイル柄を樹脂加工した一点もの。胸もとがフラットになりがちなタートルネックのセーターのポイントに。ストールは、インドメイド。

ニット、パンツ／「ミナ ペルホネン」 ストール／「カディ アンド コー」
ペンダント／「ペリーニ×ミナ ペルホネン」

Winter

BASIC

冬のモノトーンコーデは濃淡や柄でめりはりをつける

冬はロングコートでしっかり防寒しています。コートは何着かもっていますが、いちばんのお気に入りは手作りのこれ！　もう40年も前に1か月かけて作ったものですが、長く着られるようにと上等のカシミア生地を使ったので、いまだへたれず現役です。

冬はダークトーンの服が多く、どうしても地味になりがちなので、柄のシャツを合わせてみました。シャツの下に白いタートルネックのカットソーを着込めば、マフラーなしでも大丈夫です。せっかくの柄も見せたいですから。そして、全体的に大人っぽく落ち着いた雰囲気なので、ちょっとかわいらしく見せるのに、襟もとに大きなブローチをつけました。

ボトムスもグレーのデニムで、全体はダークトーンながら、柄ものやブローチでめりはりがついているのではないかと思います。

ちなみにモノトーンコーディネートは、濃淡のバランスを考えたいもの。全身が映る鏡で確認しながら合わせて、髪の色なども見て調整します。

カシミア生地のコートは、裏地にも凝って、40代で作ったもの。「ヴァレンティノ」のタグが付いているが、「ほかの服のを取って付けたの。ほんのお遊びです(笑)。」

Winter

TRY

お茶目なモチーフも愛嬌

今年の冬は何を着ようかなあと、あれこれ服を見てまわっていて、気になったのが「call」でも人気の、「ミナ」のかわいいニットでした。上質なカシミヤ糸で編み上げた生地に、イラストタッチの猫のモチーフが刺繍されています。たまにはこんなお茶目な格好もいいかなと思い、挑戦してみました。

はじめ、私のようなおばあさんにはきびしいかなあと思いましたが、ニットの素材がよいせいか、カジュアルになり過ぎず、品よくまとまります。合わせたパンツは、ニットのピンクベージュと同系色。猫の顔がポイントなので、胸もとのアクセサリーは控え、バングルをアクセントに。

これにグレーのコートを羽織れば、冬のコーディネートは完璧です。こちらのコートはカシミア素材で、手触りも着心地も最高級。

お仕事をしていると、すてきな服にたくさん出合ってしまいます。もうひとつ見つけてしまったのが、コートドレス（↓58ページ）。あまり着たことのないデザインですが、着てみたら意外と似合うのでうれしくなりました。

ニットは、糸の色を表裏で切り替えながら編む技法でドット模様を描いている。刺繍糸もカシミアで、手刺繍。手にしているバッグとはいているシューズは、「ミナ」の定番柄、タンバリンシリーズ。

コート、ニット、パンツ、バッグ、シューズ／「ミナ ペルホネン」
バングル／「ペリーニ×ミナ ペルホネン」

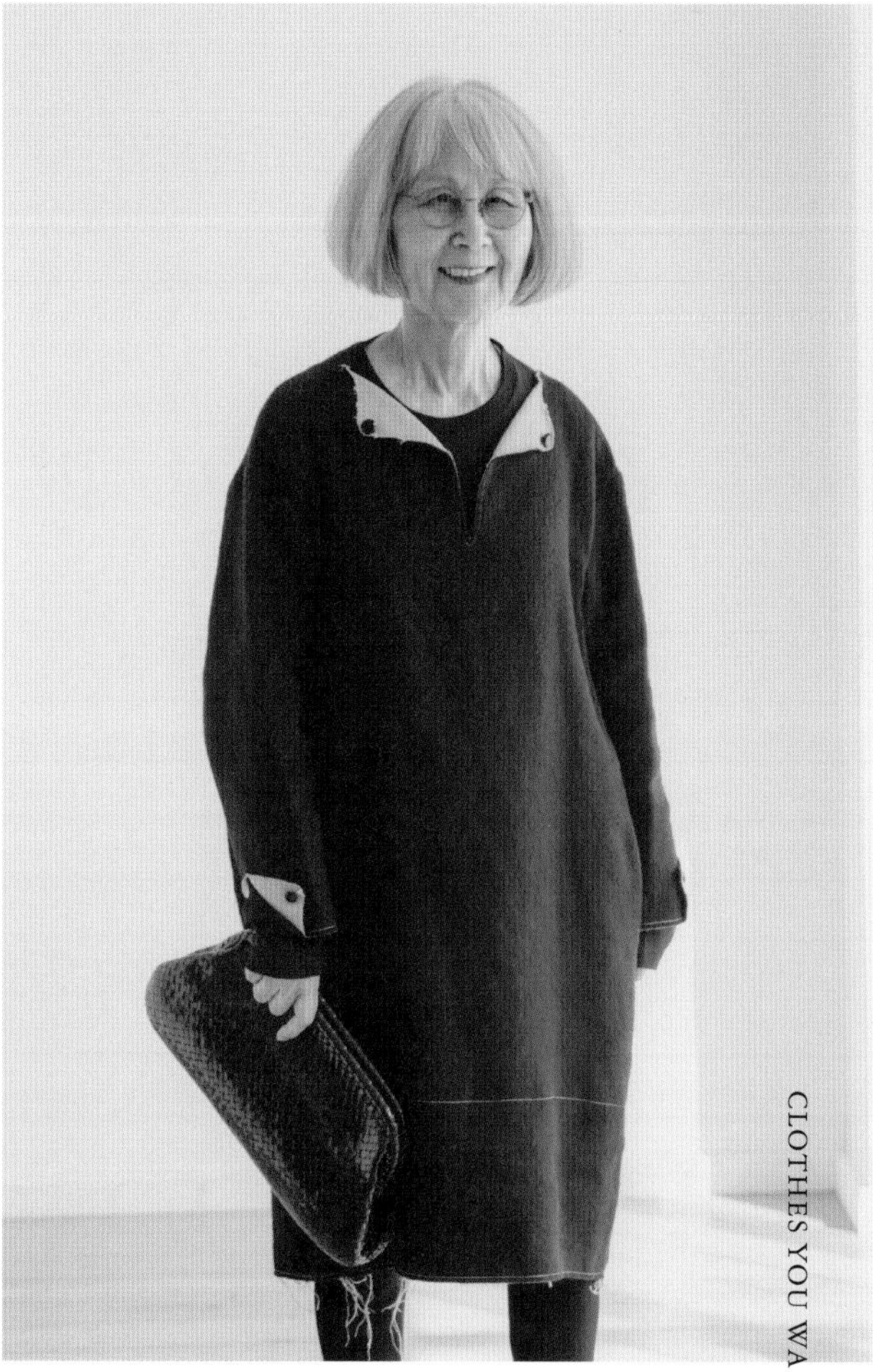

1/2

1：襟もとのデザインに特徴のあるコートドレス。表地はカシミア、裏地はリネン。胸もとの開きが広いので、中にブラックのカットソーを合わせた。「タートルなどを入れてもいいかもしれません」。ブラックのタイツとシューズでラインをつなげてスリムな印象に。2：カシミアのコートを羽織って暖かく。

コート、コートドレス／「ミナ ペルホネン」
その他／私物

第3章

今日はどちらへ

お仕事服は、「きちんと感」と「動きやすさ」

週2回、「call」で販売の仕事をしています。

仕事中は制服のコートやジャケットを羽織る決まりで、中に着る服は自由。つまり、家から着て行った服で仕事をすることになります。

仕事着は、きちんと見えることを前提に動きやすさを優先させつつ、制服にも合うものを選んでいます。制服が水色の地にネイビーの模様入りなので、あまり突拍子もない色の服だと浮いてしまいます。

その点、私はそもそもの好みがホワイト、ブラック、ネイビー、グレーなどの定番カラーなので、手持ちの服で合わせています。

今朝は少し寒かったので、首もとの暖かいネイビーのタートルニットを着ました。寒かったときに備えて、ベストももって。ボトムスは、ベージュのジョッパーズパンツ。これにピーコートを着て出かけます。

濃いネイビー＋ベージュの組み合わせは、ボーイズ風でお気に入りのコーディネートなのです。

寒さが本格的でない
時期は、ショート丈
のコートで軽快に
ベストは薄手で
重ねやすく温度
調節に便利

Work
FASHION POINT

真夏でも気持ちがしゃんとする装いを

真夏、どんなに暑くてもTシャツ一枚で出勤することはありません。いくら上に制服を羽織るといっても、あまりラフなスタイルだと気持ちがしゃんとしないのです。ある程度の緊張感はもっていたいと思っています。

そこで夏の仕事着は、ホワイトシャツの出番が多くなります。コットン素材のシャツならザブザブと洗濯機で洗えますから、汗をかいても大丈夫です。

ボトムスはパンツをはくことが多いので、デニムを合わせたり、リネン素材のパンツを合わせたりします。シャツの裾をパンツの中に入れると、よりきちんと見えます。

今日は、大きめのシープスキンのトートバッグで出かけます。このバッグは一見、シンプルなデザインですが、スエードを部分づかいしています。「ミナ」でひと目惚れして、購入しました。軽くてもちやすいので、重宝しています。

シャツをインし
たあとの、ブラ
ウジングも大事

「ブルネロ クチネリ」のパンツ。デザインや色づかいが好みで、お気に入りの店。仕事帰りに寄って、つい買い物をしてしまう。

Break Time

仕事帰りにぶらっと寄り道

仕事は午後4時まで。その昔、子どもたちや主人と暮らしていたころは、外出しても夕方になると慌てて帰ってお夕飯の支度をしていたものです。

今は気楽なひとり暮らし。お店をのぞいたり、お茶をしたりなど、寄り道を楽しむ余裕があります。今日は若い同僚と、日本茶のおいしいお店に寄りました。「call」と同じフロアにあり、外国人のお客さまでいつもいっぱいのお店です。

同僚は孫といってもいいような年齢だけれど、仕事仲間として一緒に働いています。職場の話、おしゃれの話、おいしいスイーツの話に花が咲きます。若い方との交流は、こちらも若返るようで楽しいですね。

そんな日の装いは、仕事着として重宝しているネイビーのタートルニットにえんじ色のカーディガンを合わせ、シックにまとめました。それだけだと地味なので、赤いペンダントトップのアクセサリーを添えたら、「小畑さん、それ、かわいいですね」と同僚にほめられ、うれしい私です。

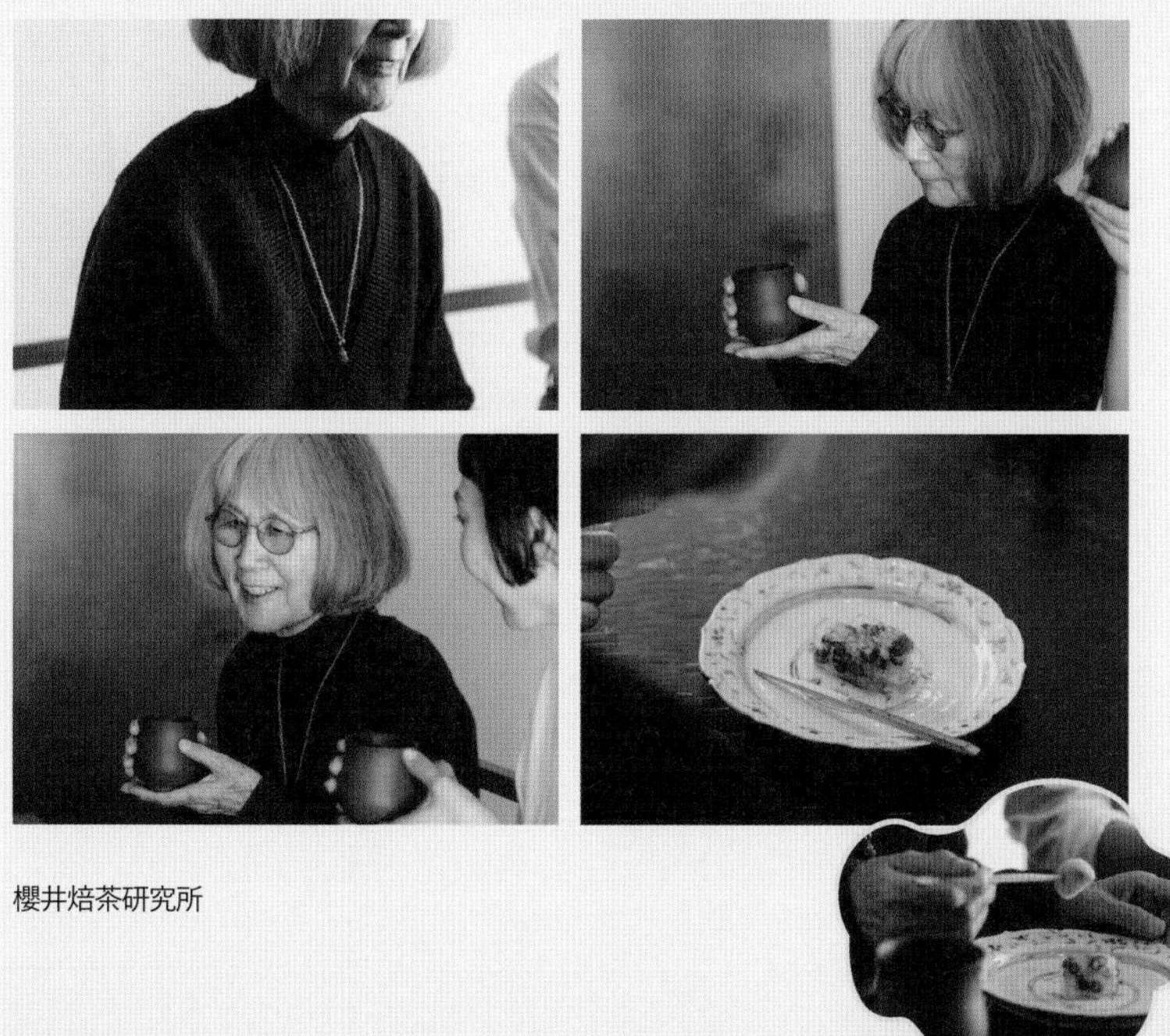

櫻井焙茶研究所

Museum

やわらかなコーディネートで美術館を楽しむ

今日はとてもいいお天気。こんな日に家にいるのはもったいないので、職場の友人を誘い、美術館に出かけることにしました。

彼女とは仕事のシフトがずれていて、なかなか同じ日に休みがとれないのですが、今回はたまたま休日が重なったのです。

彼女は、私とは服の好みのテイストが少し違い、フェミニンなおしゃれが得意で、会うたびその装いに刺激を受けます。そんな友人とのお出かけですから、よりいっそうおしゃれに気合が入ります。

絵画をじゃましない

鏡の前であれこれ試して選んだのは、淡いパープルのニット。芸術鑑賞のじゃまをせず、服を楽しむには、このくらいやわらかな色がぴったりだと思います。

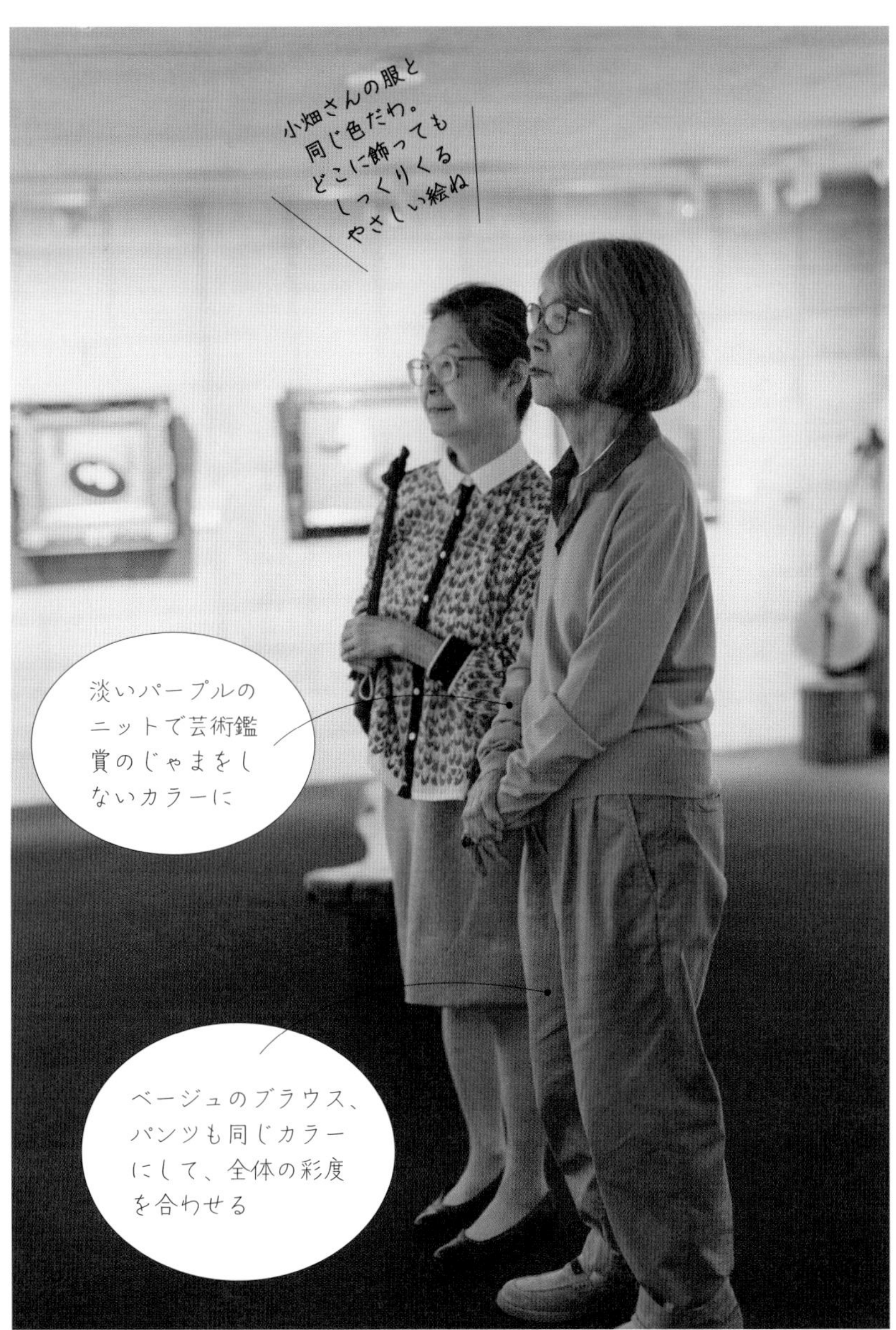
小畑さんの服と
同じ色だわ。
どこに飾っても
しっくりくる
やさしい絵ね
淡いパープルのニットで芸術鑑賞のじゃまをしないカラーに
ベージュのブラウス、パンツも同じカラーにして、全体の彩度を合わせる

Museum

中にベージュのブラウス、パンツも同じベージュにして、全体の彩度を合わせました。

待ち合わせにやって来た彼女は、グリーンの刺繍柄が入ったブラウスに明るいベージュのスカート姿。春らしくてすてきです。互いの装いをほめ合い、いい気分になったところで絵画鑑賞を楽しみます。

ここ熊谷守一（くまがいもりかず）美術館は、熊谷守一さんの旧宅跡地に建つこぢんまりとした雰囲気のよい美術館です。油絵、墨絵、書、パステル画などいろいろな筆致の作品がありますが、中でも油絵のはっきりとした輪郭の描き方や反対色を大胆に使った個性的な色づかいが、私は好きです。

昭和初期の作品ですが、不思議とモダンなのです。おしゃれの参考になります。

作品を見てまわったあとは、併設のカフェでティータイム。職場の話、共通の友人の話、そしておしゃれの話。話題は尽きません。

「今度はコンサートに行きましょう！」

次に一緒に出かける約束をして、夕方前に解散しました。楽しかった！

併設のカフェで話し込む。友人の着ているブラウスは「ミナ ペルホネン」、スカートは「プラダ」。

豊島区立熊谷守一美術館。熊谷守一が45年間住み続けた旧宅跡地に次女の熊谷榧（かや）が開設した美術館。2007年に豊島区立になった。コンクリート打ちっぱなしの外観が目を引く。

Hello!

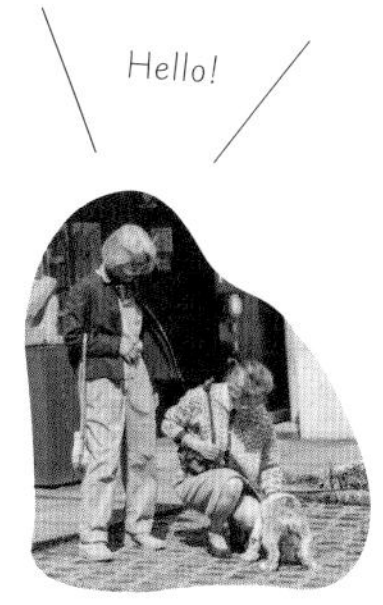

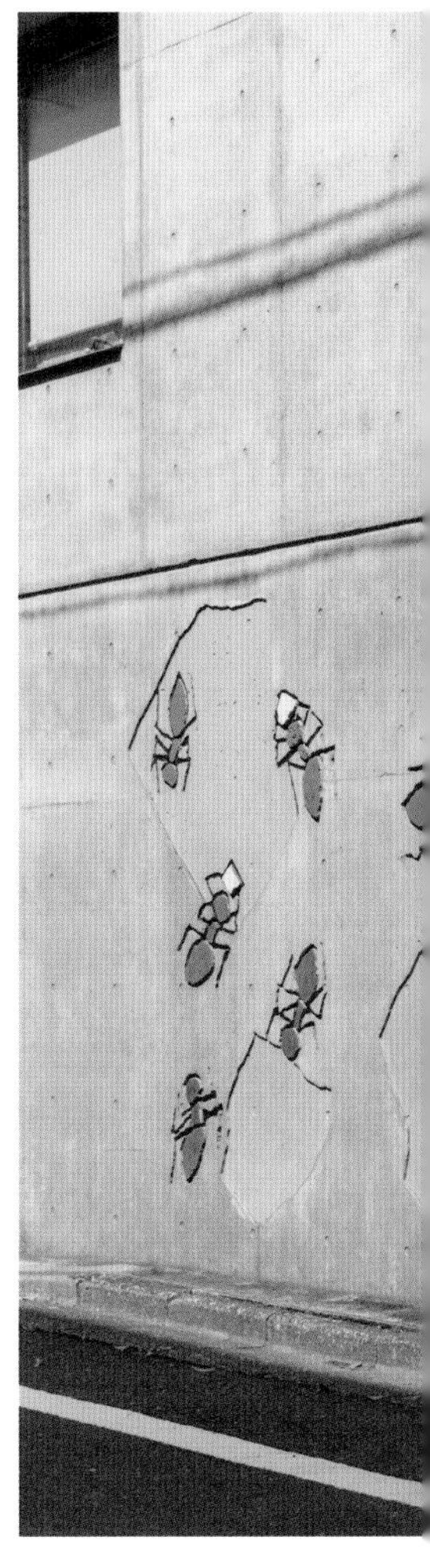

今度はコンサート
に行きましょう!

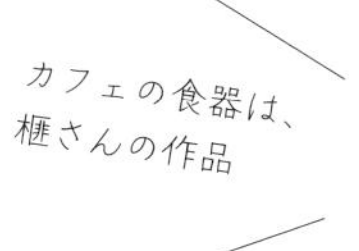

カフェの食器は、
椹さんの作品

Home

ゆったりした着心地のいいものをリラックスウェアに

家にいるときも、「どうでもいい」格好はしません。人の目ではなく、自分の目が気になります。いつでも、自分の好きな服を着ていたいのです。

私の場合、部屋着用の服をわざわざ買うことはせず、手持ちの服の中からゆったりと着心地のよい服を選び、部屋着として着ています。

もったいない？　いや、しまい込んでいても仕方がありません。いつまで生きているかもわからないし、どんどん着てあげたほうが服も喜ぶと思うのです。

今日は肌寒かったので、ボーダーニットの下にホワイトのタートルネックのカットソーを重ねました。パンツはももの部分がゆったりしたジョッパーズタイプ。体のどこも締め付けないので、部屋着にぴったりです。

白いレザーのスリッパも気に入っています。家にいるときも、楽しい気持ちでいたいなと、これは部屋ではくのにわざわざ買いました。お気に入りのものを身につけていると、家の中でも楽しく過ごせますよ。

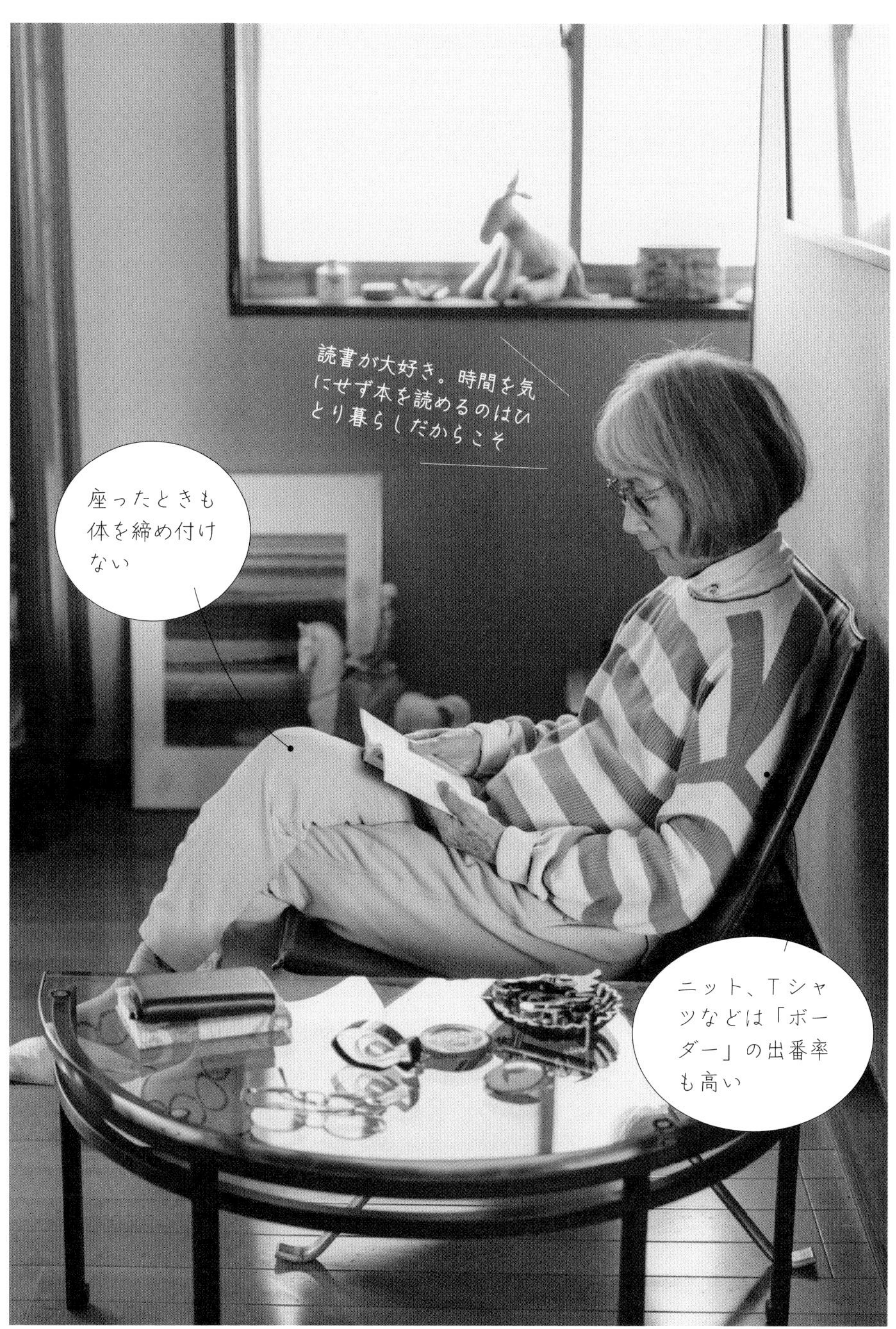
読書が大好き。時間を気
にせず本を読めるのはひ
とり暮らしだからこそ
座ったときも
体を締め付け
ない
ニット、Tシャ
ツなどは「ボー
ダー」の出番率
も高い

Home

FASHION POINT

鮮やかなカラーが
前向きな気持ちにさせてくれる

50代で始めたゴルフは、80歳直前まで続けていました。ゴルフはスポーツとして魅力的なのはもちろん、ウエアを選ぶのも楽しみでした。当時、着ていたゴルフウエアはほとんど処分してしまったのですが、ふだん着や部屋着として着られそうなものは何枚か残しています。

この赤いポロシャツは、そのうちの一枚。五分袖で、ひじが出ないところが気に入っています。いくら家の中でも、腕をむき出しにするのは気持ちが落ち着きません。鮮やかなカラーもいい。着ていると気持ちが前向きになります。

ゴルフは、今は亡き主人と一緒に楽しめる趣味として始めました。

実は2回、ホールインワンをしたことがあるんですよ！　ご祝儀にタオルを配りました。このポロシャツを着ていると、楽しかった思い出がよみがえります。

ポロシャツは「イヴ・サン＝ローラン」のもの。「亡き母は昔の人でしたから、歳をとってから明るい色を着るということはありませんでした。今、母が私を見たら、この歳で赤を着ているなんて！ とびっくりするでしょうね」。

Visiting a grave

お墓参りは汚れが気にならないスタイルで

月に一度、主人の月命日に、お墓参りに行きます。近所なので、ウォーキングも兼ねています。ひとりで行くこともあれば、息子たちと一緒のときもあります。

気楽にふだん着で出かけますよ。息子たちと行くときは、馴染みのお蕎麦屋さんで食事をしますが、きどらない店なので、カジュアルな装いで大丈夫。お墓の掃除をするので、水や土で汚れても気にならない服がいいという事情もあります。

それで、ボトムスはたいていデニムです。立ったりしゃがんだりしても膝が抜けない、ゆったりしたデザインのものを選びます。今日はネイビーのニットを合わせ、落ち着いた雰囲気にしてみました。

大事にしているのは、シューズ。足をしっかり包み込んで歩きやすいローファーをはきます。

さあ、お花をもって、主人とおしゃべりしに参りましょう。

歩いて20〜30分。
散歩にちょうどよい距離
仏花は、墓地内
にある花店でフ
レッシュなもの
を選ぶ
「ジェイエムウエス
トン」のローファー
は、雨の日でもOK。
丈夫ではきやすい

Visiting a grave
FASHION POINT

落ち着いた中にも
かわいらしさをひとさじ

ひと月経って、少し肌寒くなってきました。

今月のお墓参りは、タートルネックのニットで暖かくして行きます。このニットはカシミアで、とても質がいいのです。ずいぶん長く着ていますが、型崩れせず、ふんわりした風合いが保たれています。

ていねいにお手入れしているのがよいのでしょう。クリーニングにはなるべく出さず、汚れたらそっと手洗いし、乾いたバスタオルにはさみ、水分を吸い取ってから広げて乾かすのがポイント。

今日合わせたデニムは、ストレートラインのブルージーンズ。おしゃれの仕上げに、ニットの襟もとに「ミナ」の小さなワッペンをつけました。きのこ型がかわいいです。こうしてちょっと何かつけるのとつけないのとでは、だいぶ違ってきます。

落ち着いた中にもかわいらしさがひとさじ加わった、秋のコーディネートです。

秋の装いに竹のかごバッグを合わせて、軽さと明るさをプラス。

Concert

久しぶりのコンサートは、服にもときめきをのせて

うららかな春の日。先日美術館にご一緒した友人と今日はコンサートに行きます。今年の桜は開花が早くて、３月なのにもう満開。お花見も兼ねた楽しいお出かけになりそうです。

今日のおしゃれの主役は、カーディガン。ごくシンプルなデザインなのですが、編み地にスパンコールが入っていて、キラキラ光ってきれいです。コンサート会場の雰囲気にも負けない、華やかな質感があります。

ホワイト×ベージュのやさしいトーンを明るく引き立ててくれるのが、オレンジのバッグ。大きくかっちりしているけれど、重たさを感じさせないのは、パンチングレザー加工で透け感があるからですね。

肌寒くなったときのために、首もとに巻くウールのストールを手にもちました。

ストールに使っているグリーンと、バッグのオレンジは反対色。小物でカラーを添えるときは、反対色同士をもってくると、粋に見えますよ。

劇場の前で待ち合わせ。まずは、今日のおしゃれについておしゃべり。

光が当たると、さりげなくきれいに輝く
洋服を明るく引き立ててくれる

Concert
FASHION POINT

夜のコンサートは
ブラックでシックに

コンサートが夜の部なら、上下ともブラックでシックにまとめるのもいいですね。アクセサリーや小物でゴージャス感を出すと、大人ならではの装いになります。

コートタイプのジャケットは、お尻が隠れる長さ。これなら黒いパンツを合わせても、リクルートスーツっぽくはなりません。

長めのジャケットには、ストレートラインのパンツを合わせるとスタイルよくすっきり決まります。こちらのパンツは、レーヨン、リネン、シルク混紡でスルッとした質感がお気に入り。オールシーズンはけるので重宝しています。

アクセサリーは、ゴールドでもシルバーでも。華奢なデザインより、大ぶりのもののほうが華やかでいいと思います。大胆な色柄のシルクのスカーフもおすすめです。

私自身は最近、ヒールのシューズははかないのですが、高めのヒールを合わせても格好いいでしょう。

コートジャケットはウールの一重仕立てなので、軽くて肩が凝らない。インナーにホワイトのカットソーを合わせたが、襟付きのシャツでも合う。

Occasion

セレモニーに大活躍の手仕事・コートドレス

冠婚葬祭全般に使える黒いジョーゼットのコートドレス。みんなにほめられ、「ほしい!」「どこで売っているの?」などと聞かれることもありますが、これは私のハンドメイドなのです。

50代のころ、雑誌『ミセス』に付いていた型紙で作りました。稲葉賀恵（いなばよしえ）さんのデザインだったと記憶しています。

一生着るつもりで、上質の生地を使い、襟などは手縫いでかがって、ていねいに仕上げました。おかげで30年以上も現役です!

スカーフを重ねると華やかな場面でも活躍

襟もとはブラック
ネックレスで
シックに
「ミタケボタン」で
見つけたボタンが
アクセント
ふくらはぎの真ん
中あたりの丈で、
落ち着いたデザイ
ン。パンツを合わ
せてもバランスが
とりやすい。

Occasion

重ね着でアレンジも自在

お葬式は、真夏以外はいつもこのコートドレスで参列しています。そのまま着たり、寒いときはブラックニットを着込んだり、下にパンツを合わせたりなど気温に合わせた温度調節も自在です。

スカーフを差し色にしたりアクセサリーを華やかにすれば、結婚式など慶事にも対応できます。妹の子どもの結婚式では、祖母として参列する母にスカーフを添えて着てもらいました。高齢で留袖を着るのはつらくなっていたので、「軽くて着心地がよかった」と喜ばれました。

歳をとると、着物を着るのがだんだん大変になります。幸い、私は母と体型が似ているので、身幅や身丈など直す必要もなくてよかったです。

真夏のセレモニー服も手作りしました。膝下丈のオーソドックスなデザインです。お祝いの席に着ることはありませんでしたが、アレンジしだいでは可能でしょう。

「ステファンケリアン」のクラッチバッグ、「シャネル」のローヒールシューズは30年選手。

Teacher

洋裁講師はかっちり装って、頼もしさを演出

40～50代にかけて、カルチャーセンターで週1、2回洋裁講師をしていました。生徒さんの前に立つ「先生」として、かっちりした装いを心がけていた記憶があります。

当時のコーディネートを振り返ってみました。基本は、ジャケットとパンツの組み合わせです。チェック柄のジャケットは私の手作り。上襟部分と胸のポケットの縁部分を別布にしたアイビースタイルです。ウールの上質な生地を選び、見た目はしっかりしていますが、やわらかく着心地よく仕上げています。

ブラックのストレートラインのパンツを合わせて、オーソドックスに着こなします。中にはブラックやホワイトの長袖Tシャツ、あるいはホワイトシャツなどを合わせていました。

アクセサリーは「エルメス」のチョーカーをチョイス。チェックのジャケットはちょっと乗馬服の雰囲気があるので、似合いますね！

「このジャケットを作ったときは、襟の切れ込みは下寄りが流行っていたのです。今のジャケットの切れ込みは、これより少し上寄り。私は気になるのですが、たぶん誰も気づきません(笑)」

Teacher
FASHION POINT

暑い日は一枚でさまになるシャツをセレクト

「先生」ルックの夏バージョン。一枚で着てさまになるシャツとパンツの組み合わせです。

シャツは、パンツの上に裾を出して着るタイプ。後ろ身ごろの裾が長く、お尻が隠れるので安心感があります。カジュアルにも着られますが、ブラックのパンツで引き締めると、仕事着として十分に通用します。

当時はボタンを全部留めましたが、中にホワイトやブラックのカットソーかキャミソールを入れ、ボタンを全開してジャケットのように羽織ってもいいと思います。

洋裁講師は、通算で20年ほど続けました。大好きな洋裁を通して、社会とつながり続けてきたことは私の財産です。主婦業だけでは、つい失いがちな緊張感も保てました。

仕事の帰り道にウインドウショッピングをし、ときには自分の稼いだお金で好みの服を買うことも楽しみの一つでした。当時の経験が、今の仕事にも役立っています。

講師として生徒さんの前に立つときは、真面目さを意識。落ち着いた色みの服を選び、アクセサリーも控えめに。

School

学校にはかしこまり過ぎないスタイルで

息子を二人育てましたから、保護者として学校に行く機会は何度もありました。保護者懇談会、ＰＴＡ、授業参観、個人面談……。

私が子育てをしていた30～40年前と違い、今は世の中全体がカジュアルになっているので、遊びに行くときのようなスタイルで子どもの学校に行く人も多いように見えます。

昭和世代としては、ある程度、ＴＰＯがあったほうがいいなあと思います。ルールのある中で楽しむおしゃれも悪くありません。そこで「もし私が今、保護者会に行くなら」という視点で、コーディネートを考えてみました。

たとえば、ネイビーのジャンパージャケットに、ホワイトＴシャツ、リネンのパンツという組み合わせ。ネイビーは学校という場所にとくに相性がいいカラー。

ネイビーとホワイトだけではあまりにも〝学生風〟なので、イエローのペンダントでアクセントをつけました。

「イントゥーカ」のジャンパージャケットはシルク素材。品よくかしこまり過ぎないデザインは、学校行事にぴったり。鮮やかなカラーのアクセサリーを入れて少し外す。

School
FASHION POINT

定番カラー、ベージュ&ブラックには アクセントをつける

ネイビーのほか、落ち着きと上品さを兼ね備えたカラーといえばベージュ。ブラックのパンツを組み合わせれば、テッパンの保護者会スタイルです。

堅くなり過ぎないように、ジャケットはショート丈にしてみました。ウエストでリボンを結ぶスタイルで、女性らしさがあります。ネックレスは、ゴールドのチェーンネックレスを選び、ちょっと華やかに。あまり地味でも、楽しくありませんものね。

パンツは太めのタイプも合うけれど、ここではブラックのストレートを合わせてシンプルにまとめました。シューズはフラットでもヒールでもいいですが、色はオーソドックスにベージュかブラックが合うでしょう。ちなみに学校でスリッパになる場合、ヒールの靴をはく前提でボトムスの長さを考えると失敗します。

スカートがお好きな方は、膝下丈のタイトスカートやプリーツスカートを合わせてもきれいです。

中にレースやフリルのブラウスを合わせ、胸もとにコサージュなどをつければ、入学式などのセレモニーにも合うスタイル。

Travel

荷物はコンパクトに。身軽に出かけるための旅支度

旅行は大好きで、主人がいるころは、一緒にいろいろなところに出かけました。京都や出雲、瀬戸内……。たくさんの思い出があります。最近、久しぶりに京都に行きたくなりました。友人か妹を誘おうかと思いましたが、予定を合わせるのも大変ですし、思い切ってひとり旅をしてみてもいいかなと思っています。

どんなスタイルで行こうかなと、コーディネートしてみたのがこちら。軽めのジャケットとデニムの活動的な組み合わせです。

レストランなどで食事をするときはある程度、きちんとしていたいし、新幹線などで長く座っていることを考えると、しわにならないデニムがいいし、と考えました。首もとにニットチョーカーを合わせ、カジュアルダウンのスタイルになりました。

お財布やスマホをすぐとり出せるバッグと、ふだんの買い物にも使っている軽いキャリーケースで行ってきます！

裏地がないジャケットは長く着ていても肩が凝らない
旅行は断然、フラットシューズ。たくさん歩けます！

Travel

FASHION POINT

見た目も着心地も、軽いジャケットが正解

暑い時期の旅行でも、乗り物の中は冷房がきつめにきいているので、長袖の上着は必須です。かといって暑苦しく見えるのは嫌。たとえば、こんな白いリネン素材の軽いジャケットが正解です。

中にウール素材のボーダーTシャツを入れて、マリンスタイルにしてみました。若々しさを演出してくれるボーダーは、着るだけで気持ちが引き立ちます。旅行にはぴったりのアイテムだと思います。胸もとにのぞくボーダーがあるので、あえてアクセサリーはつけません。

ボトムスはベージュのコットンパンツ。薄手で涼しいです。

着替え用にTシャツももちました。ホワイトもいいですし、ブルーやイエロー、赤などのカラーTシャツも元気な印象になります。柄入りのTシャツも楽しいでしょう。無地の場合は、ポイントになるアクセサリーをつけたいですね。

ボーダーのピッチは細めのものが無地感覚で取り入れやすい。
ホワイトジャケットは長年愛用している「アルマーニ」。

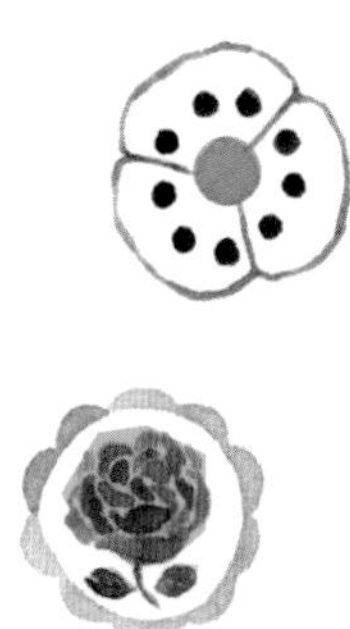
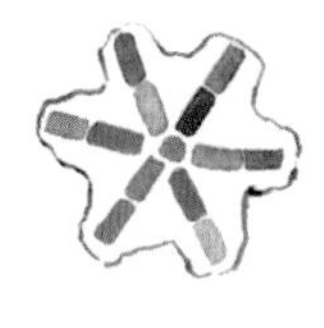

Column 2

手仕事は布とボタンにこだわる

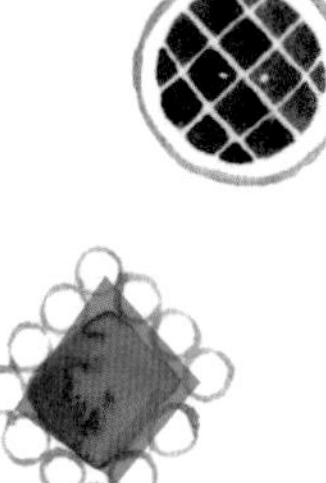

若いころは、自分の着る服はほとんど手作りしていました。パンツ、ジャケット、コート、ワンピース……。雑誌やお店の店頭で見て「こんな服が着たいな」と思ったら、それをイメージしながら自分でパターンを起こして作ります。

服作りで楽しいのは、生地選びから自分でできること。当時、渋谷の道玄坂の生地店によく通いました。イタリアの生地などをたくさん売っていたのです。

壁一面にずらりと並んだ生地の中から、自分が着たい服にいちばんぴったりくるものを選びます。そっとふれて手ざわりや風合いをたしかめて……。

「いいな」と思うものはやはりお高いことが多いけれど、自分で作るからには、長く大切に着続けたい。だから、生地は品質重視で選んでいました。もちろんお財布と相談しながらでしたが。

服の印象を大きく変えるボタンは、渋谷の東急文化会館にボタン専門店があり、そこにもよく行きました。シンプルな服に、カラフルなボタンをつけてちょっと遊んでみる。シックな服に、ゴールドのボタンをつけてゴージャスに仕上げてみる。

楽しかったなあ。こうしてお話ししていたら、久しぶりにミシンにさわりたくなりました。

第4章

大人の悩みにこたえる服選び

いらっしゃいませ

大人に似合う服選び

洋服は、着てみなければわからないものです。お店でお客さまが洋服を見ていて迷われているなと感じたら、まずは試着をおすすめしています。

同じサイズ表示でも、服によって袖まわりの太さや襟の開き加減、丈などが少しずつ違うので、少しめんどうでも絶対に着てみたほうがいい。

試着室から出ていらしたら、鏡を見ながらお話しします。確認すべきはサイズ感、それからお顔映り。今まで着たことがないデザイン、カラーに挑戦されて、似合っていらしたときなどは、私までうれしくなります。

お客さまに相談されたら、率直に感想をお伝えします。自分ではわからないことってあるものです。とくに後ろ姿は、自分ではなかなか確認できません。

中には、細めのサイズを選びが

ちな方もいらっしゃいます。お好みなので、よけいな口出しはしませんが、できればあまりパツンパツンなのは避けたほうが美しく着こなせます。そのあたりはお客さまのお顔を見ながら、出過ぎず、控えめなアドバイスを心がけています。

WORRY
1

身長が低いので服のバランスをとりにくい。

「小柄なので、子どもっぽく見えてしまう。エレガントに装いたいけれど、バランスをとるのがむずかしい」とお悩みのお客さまがいらっしゃいました。

まず、トップスは短めがいいと思います。ウエスト下10センチくらいの丈のものを選びましょう。縦のラインが入っているとすっきり見えます。

このカーディガンは、素材がリネンとナイロンの混紡で、体のラインにゆるやかに沿いつつも、ストンとした落ち感があります。上半身をスマートに見せるには、素材も大切な要素のひとつだと思います。カラーはお好みで、お顔映りを見て決めてください。グリーンだと、より大人っぽく。イエローなら、かわいらしさが加わります。

下に合わせるのは、パンツでもスカートでもいいと思います。ここでは縦のラインを強調するために、ロング丈のパンツを選んでみました。裾にかけて細くなっているので、バランスよくまとまります。

ADVICE

ショート丈の上着と細身のボトムスでバランスをとる

ホワイトのパンツは、
ウール素材

カーディガンに合わせて、
モスグリーンのローファーをセレクト。
意外に合わせやすい色

ショート丈のカーディガン。
リネンがメインの素材で、
トロンとした風合いがエレガント

すべて「ミナ ペルホネン」

WORRY 2

下半身のボリュームが気になる

ADVICE

足首を見せて、細さを印象づける

下半身のスタイルにお悩みのお客さま。ふだんはゆとりのあるパンツばかりはいているとのことなので、今回は、スカートにチャレンジ！　足首など細い部分を見せることで、下半身をすっきり見せます。

ホワイトブラウスにネイビーのスカートを合わせて、清楚なイメージに。スカートは、ホワイトラインがポイントです。ここに目がいくので、下半身のボリュームは気になりません。

スカートのタックがきれいに出ているので、ブラウスはスカートの中に入れます。「きちんと感」も出て好印象です。

あえてアクセサリーはせず、シンプルに徹したほうがすてきだと私は思います。

シューズは、オーソドックスにブラックのフラットシューズを合わせます。バッグも、ホワイト、ブラック、ネイビーのいずれかのカラーで揃えたほうがきれいでしょう。とても品のある雰囲気にまとまりました。

スタンドカラーのブラウスは張りのあるコットン素材。体のラインを拾わない
同じくコットン素材のスカートは、裾の白いラインが学生服っぽさを抑えてくれている

すべて「ミナ ペルホネン」

WORRY
3

二の腕を出したくない。

ADVICE
全部出すか、全部隠すか。深みのあるカラーでスリムに

先日、お店にいらしたお客さまは「二の腕が太い」ことを気にしていらっしゃいました。客観的に見ればそんなこともないのですが、ご本人は、切実なご様子です。

二の腕が気になる場合、肩から全部出してしまうか、隠すか、どちらかにします。中途半端な半袖が、いちばんよくないのです。腕の太いところを強調してしまうからです。

お若い方なら潔く（いさぎよく）ノースリーブもすてきなのですが、お客さまは50代。ネイビーの長袖トップスに、ほどよく色落ちしたジーンズを合わせておすすめしました。

トップスは、夏でも涼しく着られるシルクコットン素材。深いネイビーは、ブラックほど暑苦しくなく、しまった印象になります。私も大好きなカラーです。襟もとには、チョーカータイプのアクセサリーをつけました。ちょっとウエスタンな雰囲気もある、カジュアルシックなコーディネートが完成しました。

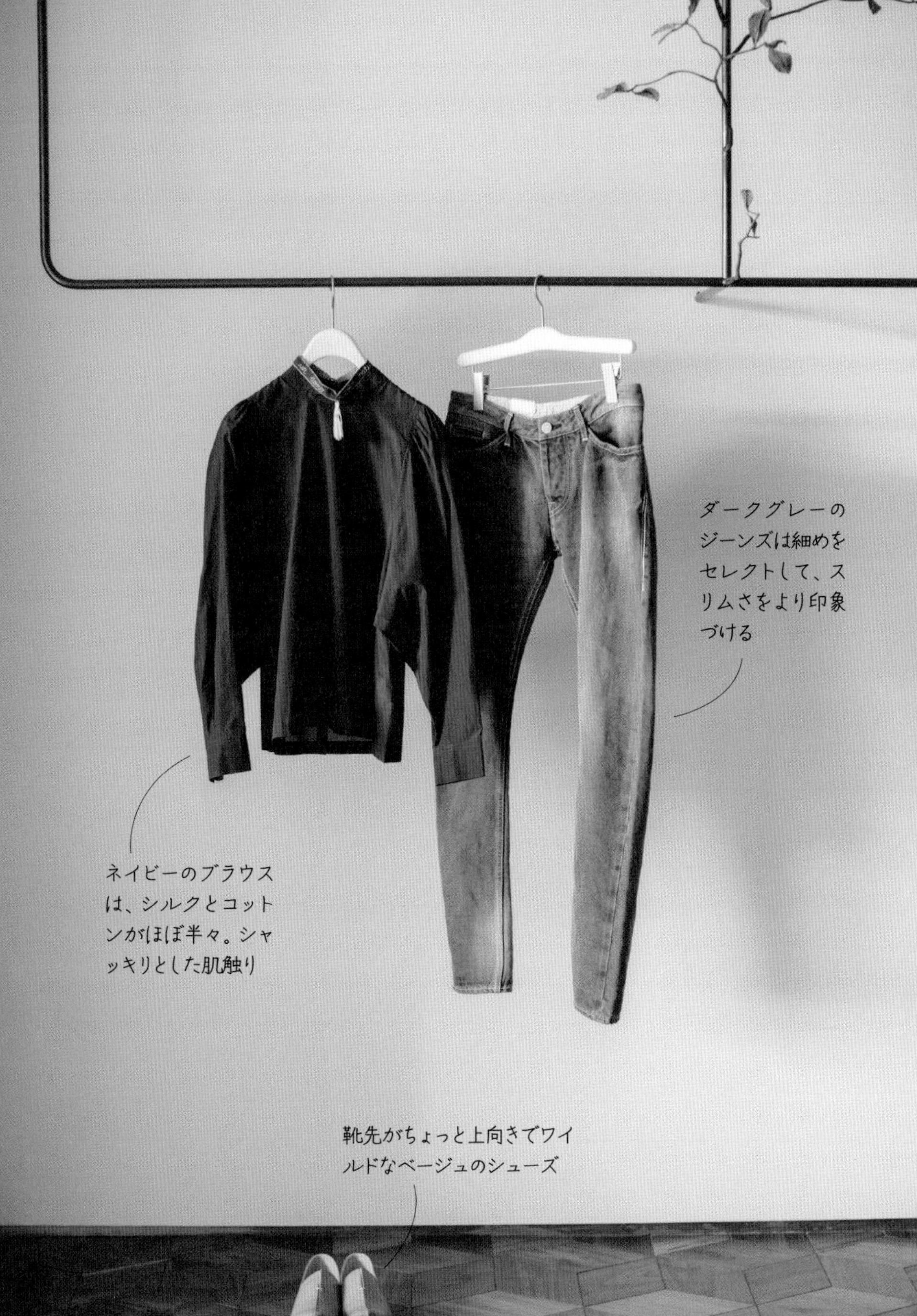
ダークグレーの
ジーンズは細めを
セレクトして、ス
リムさをより印象
づける
ネイビーのブラウス
は、シルクとコット
ンがほぼ半々。シャ
ッキリとした肌触り
靴先がちょっと上向きでワイ
ルドなベージュのシューズ

チョーカー／「ジョジョ」
その他／「ミナ ペルホネン」

ベージュのパンツは、コットンにリネンも入って肌触りが涼やか。ローウエストだが、はき心地は抜群

やわらかいガーゼ素材のブラウスは、和風テイストも感じられる落ち着いた色柄。襟開きが絶妙で、胸もとを華奢に見せてくれる

甲の部分が深くはきやすいベージュのフラットシューズ

すべて「ミナ ペルホネン」

WORRY 4

トップスを中に入れられない。

最近はカジュアルな装いが全盛のせいか、トップスをフワッと上に出して着ている方が多い印象です。でも、そればかりだと服が限られてしまいますね。先日は「トップスを中に入れたいけれど、おなかが目立ってしまうし、インしてももたつく」とおっしゃるお客さまがみえました。

そこで、まずはローウエストのパンツをセレクト。これなら無理なくトップスを中に入れられます。

後ろだけ出して着るのも今風。いったんトップスを中に全部入れたあと、後ろだけグッと引き出します。

トップスは、ゆったり着られるやわらかな素材のブラウスを合わせました。中で体が泳ぐ感じ。スリムに見せる効果もありそうです。

シューズもクラッチバッグも、オフホワイト～ベージュの同系色でまとめた、ワントーンコーディネートです。トップスを中に入れたおかげで、ワントーンながら締まった雰囲気になりました。

ADVICE

ローウエストのパンツで無理なくトップスをイン

WORRY 5

柄ものをセンスよく取り入れたい。

私自身、柄ものはずっと着ませんでした。なにしろシンプルな服が好きなので、私らしくないような気がして避けていたのです。

「call」で「ミナ」の服に出合ってから、柄ものもいいなあと、とり入れるようになりました。いつも同じような服では、つまらないですからね。

私のように、柄ものを着慣れていないお客さまにはまず、モノトーンからおすすめしています。たとえば、こんなふうにブラックベースの柄ものならとり入れやすいのではないでしょうか。

パンツはホワイト、シューズとバッグはブラックにして全体の色数を2色に抑えましょう。そうすれば、ふだんのイメージとかけ離れず、それでいていつもと違った印象も生まれます。、このトップスは体型をふわっと隠してくれるうえ、袖のひらひらがじょうずに二の腕をカバーしてくれるので、上半身のスタイルに悩みをおもちの方にもおすすめです。

ADVICE

モノトーンからチャレンジ。全体の色数も抑えて

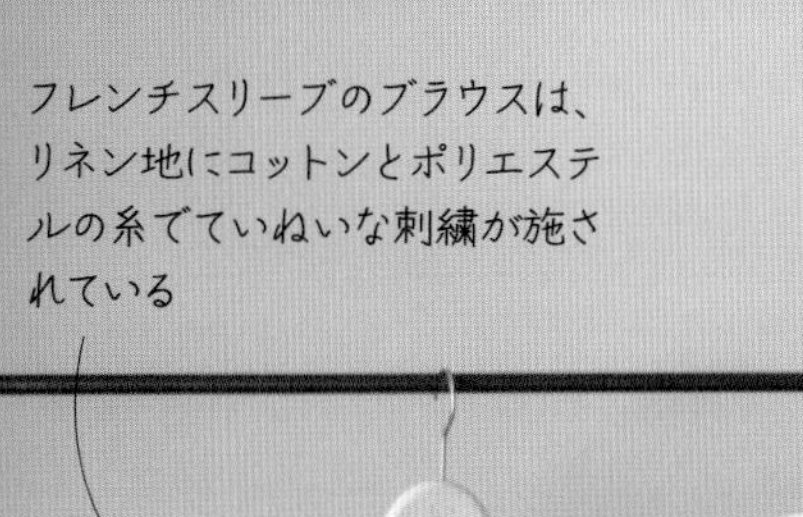

フレンチスリーブのブラウスは、リネン地にコットンとポリエステルの糸でていねいな刺繍が施されている

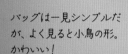

バッグは一見シンプルだが、よく見ると小鳥の形。かわいい！

スエードのブラックフラットシューズ

 すべて「ミナ ペルホネン」

WORRY 6

カラーを着こなしたい。

シンプルなものが好きだったり、着回しがしやすいということから、ブラック、ホワイト、ネイビー、グレーなどシックなモノトーンで全身を揃えてしまいがちです。実は、私自身もそうなのです。

だから、カラーものになかなか手が出せないお客さまのお気持ちは、よくわかります。そんな方におすすめしたいのは、シルク素材のカラーワンピース。繊細なレースがついていて、仕立ても極上です。落ち着いたペールトーンで派手やかさがないので、はじめの一着としてチャレンジしやすいのでは？　と考えました。

「ピンクなんて、かわいらし過ぎるのでは？」という方もいらっしゃるかもしれませんが、ピンクこそ年齢を重ねた方に着てほしい。

バッグは同系色、シューズは多色づかいで遊んでみましょう。

セレモニーやレストランでのお食事、観劇など、おしゃれして出かけたくなる春の装いです。

ADVICE

上質な素材とカラーで品よく

光沢があるシルク素材のワンピースは、七分袖で清楚な印象。前を開ければコートのように着ることもできる。レース部分はコットン素材
同系色のバッグとカラフルなバレエシューズでアクセントをつける

ワンピース／「ミナ ペルホネン」
シューズ／「レペット×ミナ ペルホネン」
バッグ／「ピエニ」

Column 3

おしゃれの先生

〝パリのマダム〟ふうの装いが好きで、そういった雑誌や本をよく買います。街角のスナップを見るのがとくに好き。

パリやイタリアなどヨーロッパのマダムたちは、誰もが自分らしいおしゃれを楽しんでいる感じがするのです。

年齢なんか気にせずに自分の好きな服を着ているのが、とても格好いい。私もそうありたいなと思って、おしゃれの参考にしています。

パリに行き、通り沿いのカフェなどで道ゆく人の装いを眺めながら、のんびりと過ごしてみたいなあ。きっと、すごく刺激を受けるでしょうね。

最近の若い男性は、おしゃれだなと思って見ています。ショップや靴店の店員さん。彼らはユニセックスな装いをしていることも多いので、参考にさせてもらうこともあります。

そういえば、私が気に入って着ている「ロエベ」のストライプシャツと同じものを着ている若い男性と、原宿ですれ違ったことがあるんですよ。親子どころか、孫のような年齢の人と同じ服なんて。なんとなくうれしい気持ちになりました。

第5章

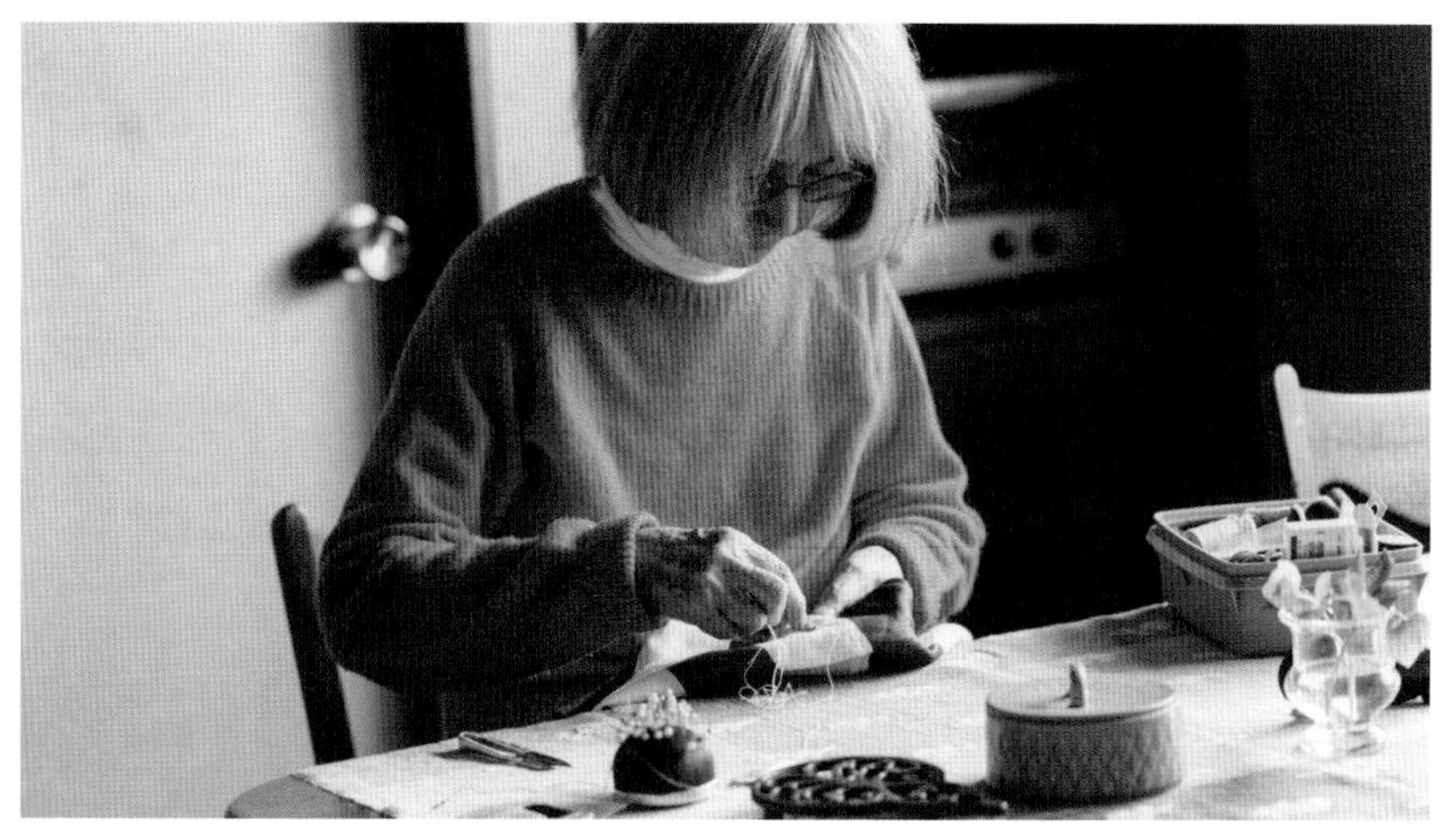

服のケアと整理

服をケアする

ちょっとした繕い

私は背が低いので、パンツやスカートなどの既製品は、たいていいつも10センチくらい長過ぎるのです。そこで裾上げやスカートの丈詰めなどが必要になるのですが、お店にお願いするとどうしても時間がかかるので、自分でやってしまいます。

家の中でも日当たりがよく明るい場所にミシンを置いているので、気軽にとりかかれます。

とれてしまったボタンも、食卓でササッと。

最近はおっくうでなかなかしませんが、服を手作りしていたころはボタン付けの作業が大好きでした。最後の最後にボタンを付けるので、「これが終わったら洋服が仕上がる」と思うと本当にうれしいのです。

ボタン付けをしていると、そのときのワクワクする気持ちを思い出します。

家じゅうを糸くずだらけにして作業して、家族が帰るまでに慌てて片付けてお夕食の支度をする。そんな時代もありました。なつかしい思い出です。

ボタン付けは、スピーディで見た目も美しい仕上がり。
「昔とった杵柄（きねづか）よ！」と、小畑さん。

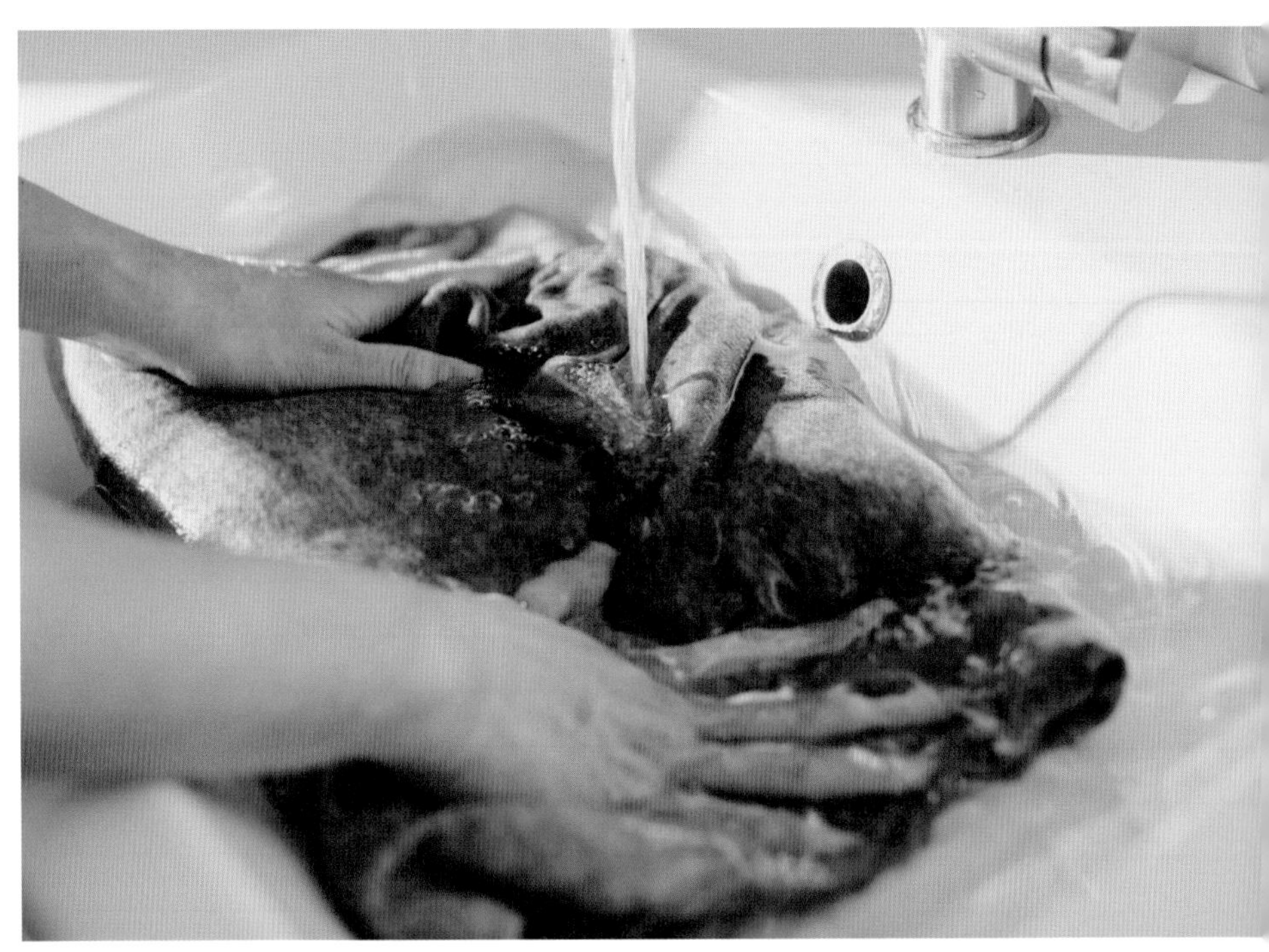

夏用のニットなど汗がしみ込んだものは、
水に通すとさっぱりする。傷まないよう、
ていねいに押し洗いをして。

洗剤を少なめにして手洗い

洋服の洗濯は、洗濯機洗いができるとラベルに表示されているものは、ふつうに洗濯機を使っています。大切なのは、洗剤を入れ過ぎないこと。というのも、洗剤を少し多めに入れてしまう人が多いようなのです。よりきれいになる気がするのでしょうね。

でも、実はまったく逆。洗剤を多めに入れると、すすぎの際に水が大量の洗剤を落とし切ることができず、成分が服に残ってしまいます。そして、成分が汚れをコーティングする形で付着させるので、結果的に汚れが落ちにくくなります。そのうえ洗剤には、漂白成分や蛍光剤などが入っています。それらは汚れを漂白してくれる効果があるのですが、変色や色落ちの原因にもなりますから、洗剤は、むしろ少なめのほうがいいのです。

ブラウスやニット、形崩れさせたくないTシャツなどは、おしゃれ着用の洗剤「サンベック」を使って手洗いしています。この洗剤は、友人にすすめられて使い始めましたが、生地も傷まず、縮まずに洗えています。

ブラシをかけてきれいをキープ

洋服は、原則クリーニングには出していません。クリーニングの薬剤は強烈なので、どうしても傷んでしまうからです。

最近のクリーニング店はチェーン店が多くて、「この人にならば」と信頼しておまかせできる個人店も見つけにくくなりました。

洋服を脱いだら、ブラシをかけてホコリをとり、風通しのよい場所にしばらくかけておきます。十分にきれいが保てます。着るのは私だけですから、まったく問題ないのです。

ブラシは二つもっていて、一つはホコリとり用、もう一つは毛玉とり用。二つとも百貨店で手に入れました。天然の馬毛で、豚毛よりもやわらかく、カシミアなどのデリケートな素材の服にも使えます。

値は張りましたが、毛がへたらず、使い勝手もよいので、長く愛用しています。

洋服は、脱いだらすぐに窓辺でブラシかけ。

毛玉とりブラシは、素材へのダメージを最小限に抑えてくれる。

服は奥深くにしまわない

服の整理について。服は奥にしまい込んでしまうと、忘れて着なくなるので、できればすぐ目に入る、手にとれる場所にしまっておきたい。そこで昔、子ども部屋にしていた部屋に円形のハンガーラックを置き、吊るして収納しています。

ニットやTシャツなどは、たたんでタンスの引き出しに入れています。季節のものだけは茶箱にしまい、衣替え時期に入れ替えます。

もともと〝捨て魔〟で、着なくなった服などはその都度処分しているので、はみ出して困るということはありません。

ただ、捨て過ぎて困ったということはあります。今でも後悔しているのが、「バーバリー」のコート。保護者会などに重宝して、よく着ていたのですが、あるとき「もう着ない」と思って捨ててしまいました。

ステンカラーコートでしたが、あとになってからよく、「あのトレンチコートが着たい！」と思ったものでした。

おわりに

子どものころから服が大好きだった私は、〝いいもの〟を長く着ることを大切にしてきました。モノがない時代に育ったので、そうせざるを得ないところもありました。

〝いいもの〟とは、素材や縫製がよく、自分の体型や雰囲気を引き立ててくれる服のこと。ブランド名や値段の高さだけではかれるものではありません。自分にとっていいものを見極めて、いかに着こなすかを考えながら、ここまでの人生を生きてきました。

ものが豊富な今の時代、手軽に手に入れた服を手軽に着捨てる風潮が強まっていると感じます。でも、〝服〟を、〝着る〟ことを、心から愛している私にとって、それはとっても残念なこと。

本書では、長い人生の中で私が培ってきた、いいものを長く着るための着こなしのコツやおしゃれに見せるポイントをお伝えしたつもりです。

この本を書き始めたときは早春で、まだ寒さが残っていましたが、あっという間に時が過ぎて今は初夏。四季があり、季節ごとのおしゃれが楽しめる日本に生まれたのは幸いですね。

私は86歳になりましたが、この歳でもまだ季節の変わり目ごとに「この夏は何を着ようかしら？」と胸を弾ませています。本当におしゃれが好きなのです。

そんな私の思いがたくさんつまった本を読んでくださったこと、本当にありがとうございます。

みなさまの人生が彩り豊かなものでありますように。

2023年5月

小畑滋子

小畑滋子（おばたしげこ）

昭和12年香川県生まれ。79歳のときminä perhonen（ミナ ペルホネン）が運営する「call」の求人募集要項を目にし、「100歳でも大歓迎」とあったのを見て、まだ100歳じゃないから、いけると思い切って応募。現在は、洋服や雑貨の販売、接客の仕事に携わる。北欧暮らしの道具店「うんともすんとも日和」(YouTube)、ラジオや雑誌などで紹介されて以来、洋服を見立ててもらおうと、全国からファンが小畑さんに会いにやってくる。著書『85歳、「好きなこと」を続けるごきげん暮らし』(大和書房)。

HP　https://www.mp-call.jp/
Instagram　www.instagram.com/call.jp/

クローゼットには
似合（にあ）うもの、いいもの、大好（だいす）きな服（ふく）だけ

2023年7月1日　第1刷発行

著　者　小畑滋子（おばたしげこ）
発行者　佐藤 靖
発行所　大和書房（だいわしょぼう）
東京都文京区関口1-33-4
〒112-0014
電話　03(3203)4511

印　刷　歩プロセス
製　本　ナショナル製本

デザイン　庄子佳奈（marbre plant inc.）
イラスト　大山奈歩
撮　影　濱津和貴
協　力　ミナ ペルホネン
前山菜苗
編集協力　上條まゆみ
校　正　メイ
撮影協力　call
熊谷守一美術館
櫻井焙茶研究所

ISBN 978-4-479-78588-0
乱丁本・落丁本はお取り替えいたします
http://www.daiwashobo.co.jp